誰も気がつかなかった
習慣化の法則

なぜ、あなたのやる気は続かないのか

メンタルコーチ
平本あきお
Akio Hiramoto

青春出版社

はじめに ——まじめな人ほど三日坊主になる本当の理由

多くの人は、自分の理想像を持っています。

そして、理想といまの生活を比べながら、こんな目標を立てたりします。

たとえば、

「朝5時起きの生活に変えたい」

「英会話を完璧にマスターして、仕事に活かしたい」

「ジムでトレーニングを続けて、理想の身体をつくりたい」

「片づけの習慣をつけて、いつも快適に過ごせたらいいな」

「健康のためにお酒を控えたい」

「だらだらスマホを眺めるだけの時間をなくせたらいいな」……など。

いま、この本を手にしているあなたも「自分を変えたい」と願い、がんばってきたのではないでしょうか。

目標に向かってチャレンジしても、途中で挫折してしまう人がいます。
「なりたい自分」の理想像は見えている。
「やるべきこと」はわかっている。
それなのに、なぜか行動を続けていくことが難しい。
一方、**次々と願いをかなえている人**もいます。
その違いは何なのでしょう。

私はメンタルコーチとして、これまでに上場企業経営者やオリンピック金メダリスト、ハイパフォーマーなど、第一線で活躍する人たち約3万5000人に個別指導や研修を実施してきました。
たくさんの成功者を見てきて、ひとつ、ハッキリと提言できることは、

「気分がよければ、行動は続く」

ということ。長期的に成功している人たちの共通点は「気分第一主義」であり、人の行動力は「いい気分」かそうでないかによって大きく左右されるのです。

私はこれを**「快《かい》・苦痛原理」**と呼んでいます。

「快」というとちょっとカタいですが、私たちが日ごろ感じているような**「楽しい」「ノッてる」「気持ちいい」「心地いい」「充実」「嬉しい」といった明るくポジティブな感情**をさします。

何か習慣化したいと願っていることがあったら、こうした「快」と結びつくと、やる気スイッチがONになり、人は行動を起こさずにはいられなくなります。

一方、**「苦手」「イヤだ」「面倒くさい」「疲れる」「時間がない」といったネガティブな愚痴のような感情（＝「苦痛」）**と結びつくと、スイッチ

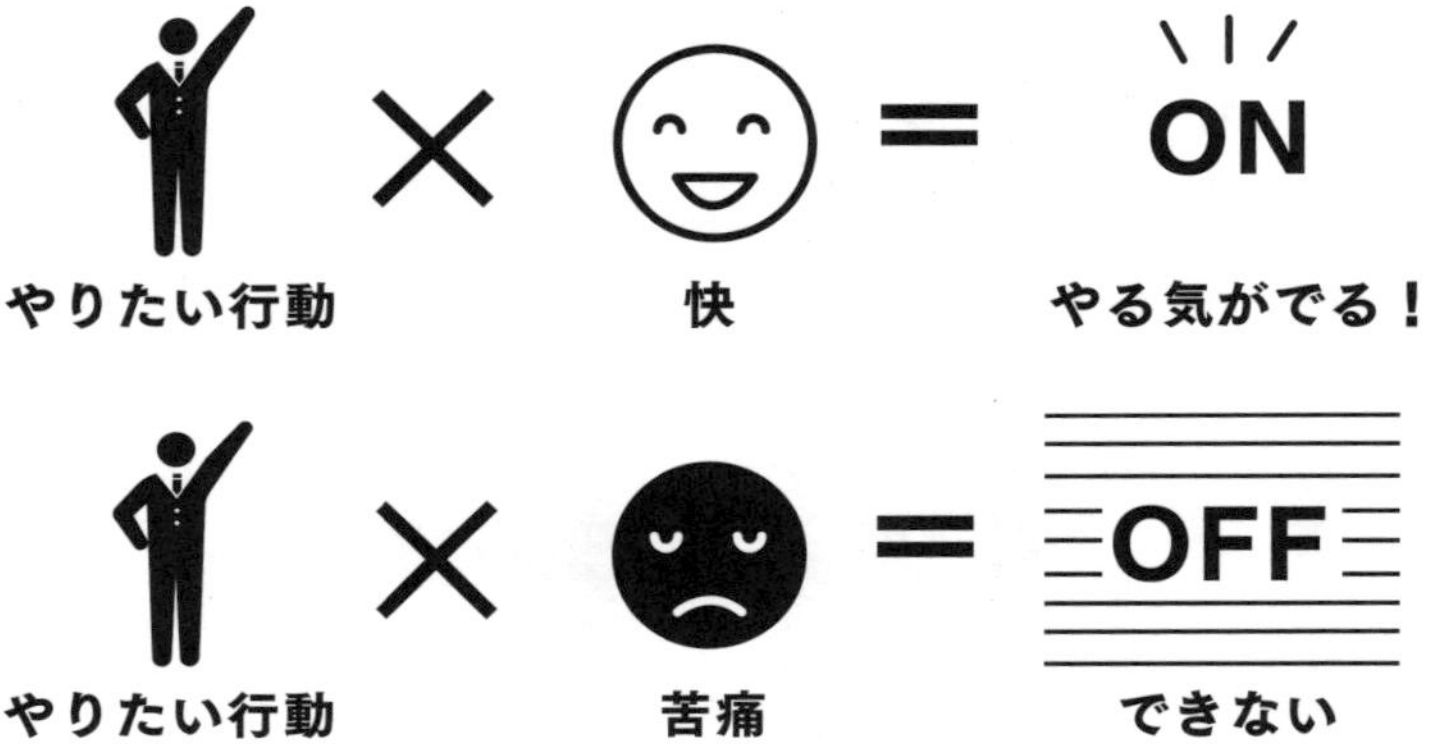

はＯＦＦのまま。
やる気があるつもりでも、行動に起こすことは難しくなります。
「きれいな部屋で過ごせたら快適だ」「スッキリして嬉しい」といった「快」と結びつけば、片づけを習慣化できるはずですが、「面倒くさい」「忙しいし、片づけに時間をかけることはできない」といった「苦痛」との結びつきのほうが強いせいで、今日も散らかったまま……。
単純に2つの方程式だけを見て考えたら、今の「苦痛」を「快」

に置き換えることができれば片づけは実行できることになりますが、実際はどうでしょう？

「片づけ」をテーマにした新刊が次から次へと発売され、テレビ番組でも飽きずに特集が組まれることからわかるように、多くの人が、何度も何度も片づけに挫折してきているのではないでしょうか？

じつは、ここに大きな落とし穴があるのです。

多くの人は「苦痛」を「快」に置き換えるとき、一気に変えようとします。いまの苦痛からすぐに抜け出したくて、丸一日かけて部屋を完璧に片づけようとします。

でも、**「気分第一主義」からすると、この方法では心が折れて当然です。**

最初はやる気があったけど、モノであふれた部屋にいると、だんだん気が滅入ってくる。

ゴミ袋は、ぞうきんは、どこにあったっけ？　探しているうちにますます散らかる。

そのうち、お腹がぐる～～と鳴る。もうお昼!?

気がつけば、あっという間に半日が経っていた！

ああ、疲れた。自分はダメだ。片づけなんてできない。もう無理だ……。

そうして「面倒くさい」「時間がない」という苦痛との結びつきが、ますます強くなっていってしまうのです。


しかも、「こんな自分になりたい」理想のイメージが強い人ほど、挫折もしやすい。なぜなら、理想（きれいな部屋）を描いてワクワクするときはいいけれども、理想と現状のギャップに目がいくと、行動する前から気分が滅入ってしまうのです。

ここであなたに知っておいてほしいのは、**やりたい行動を「快」と結びつけるとき、一度に完璧にやろうとするのではなく、**

①ホップ　②ステップ　③ジャンプ！

の３段階を踏むということです。
習慣化に挫折してきた多くの人は、この重要なポイントを見逃しています。
完璧主義でいると、スタート地点にも立てません。

まず**①ホップ**の段階では、「ちゃんとやらない」「最後までやらない」ことを心がけてみてください。

片づけの例でいえば、わざわざ丸一日などと時間をとったりせず、１日に本棚の１番上の段のさらに一部分だけ片づける。次の日はテーブルの右側の手前だけ片づける。そうして、ひとつの行動をとにかく小さくするのです。「１カ所、片づけた！」「２カ所目もクリア！」といったようにゲーム感覚で、気軽におこないます。

部屋のすみずみまで片づけたときのような目立った効果は出ませんが、小さな達成感は、間違いなく得られます。「①ホップ」では、ニュートラル（快でも苦痛でもない状態）にもっていくこと。**気が滅入らない、という状態にすることが大事なのです。**

そんな気楽な状態のまま、**②ステップ**の段階へ。

ここでは、とにかく回数をこなしていきます。たとえば、朝でも夜でもいいですから5分間だけ、部屋のどこか1カ所だけを片づける。苦痛でないから数日間は無理なく続きます。

自分に余裕をもたせて**「なんだか大丈夫そう」「いけそう」**といった気分をキープ。そのうちに、日常生活になっていきます。毎日歯を磨くように、部屋を片づけることが日常になるのです。


そして**③ジャンプ**で、やっと効果を出せるようになります。

「片づけ」という行動が、ここでやっと「快」と結びつく。やりたいことができた達成感、スッキリした爽快感で胸がいっぱいで、考えなくても**「あれっ、気づいたら片づけが習慣になっていた！」**と自分で驚くことでしょう。

さらに、どんどんできるようになると、自信もつき、負荷を増やしたりチャレンジしたりしても、挫折することなく、続けられるようになります。

✕ 挫折する人

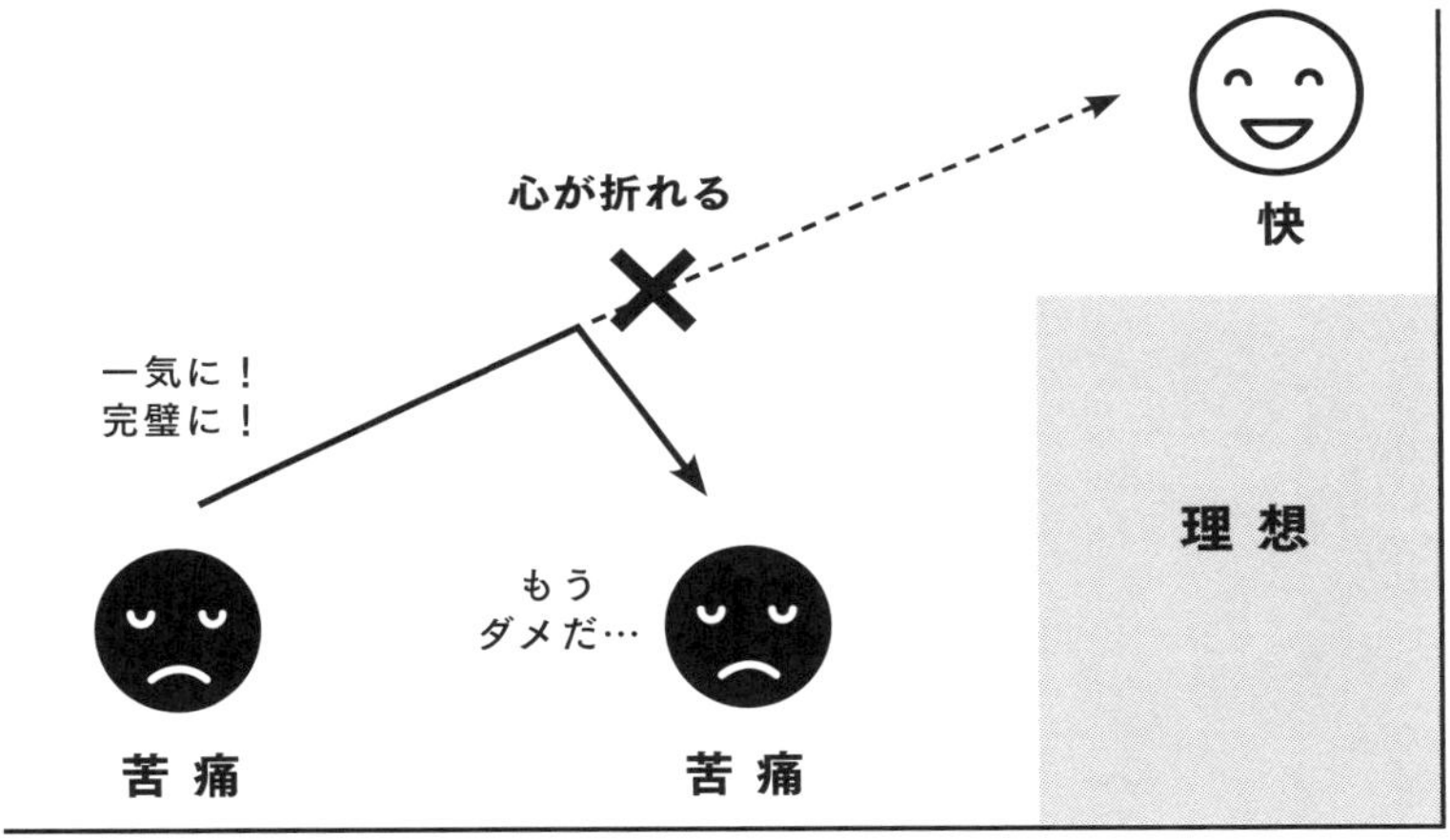

快
心が折れる
一気に！
完璧に！
理想
もう
ダメだ…
苦痛
苦痛

○ 成功する人

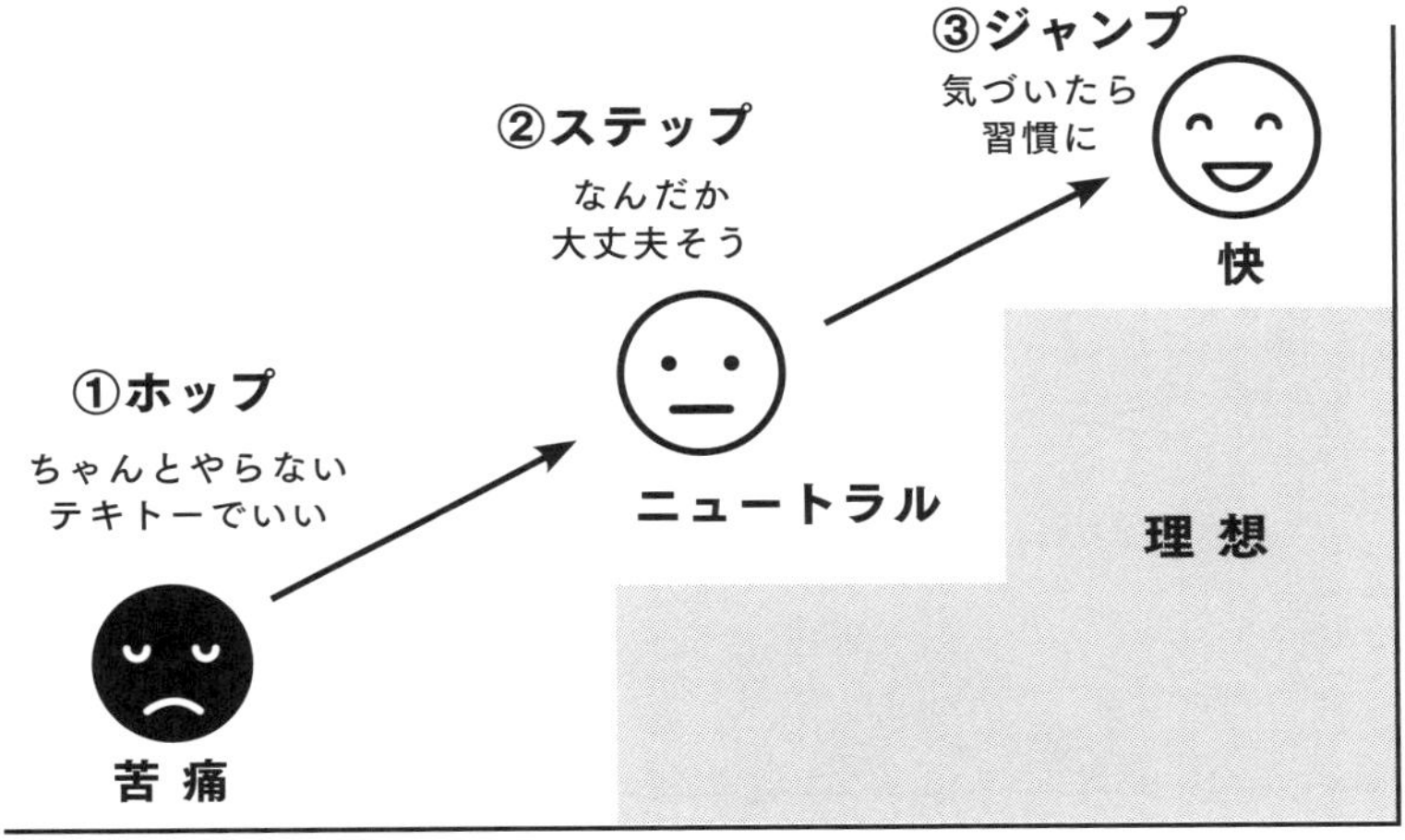

③ジャンプ
気づいたら
習慣に
②ステップ
なんだか
大丈夫そう
快
①ホップ
ちゃんとやらない
テキトーでいい
ニュートラル
理想
苦痛

この3段階を踏むことは、遠回りに見えて、じつはいちばんの近道。

①ホップで、苦痛を軽減する。
②ステップで、日常になじませる。
③ジャンプで、「快」と結びつける。

多くの人は、最初から効果を出そうとして①から③に行こうとします。だから気が滅入って挫折してしまいます。

やる気を継続させるためには、①②③の3段階を踏むことが、なにより近道となるのです。

やる気を長持ちさせるには、**「余裕がある」「いけそう」「大丈夫そう」**といった気分でいることが、じつは大切です。

まじめな人ほど「ちゃんとやらなきゃ」「最後までやらなきゃ」「結果が出るまでやらなきゃ」とこだわりがちですが、そうすると行き詰まりやすく「もうできない」「無理だ」「ダメだ」と気分が落ち込みます。

完璧主義は、「気分第一主義」の敵なのです。

ここでは片づけの例をあげましたが、英会話のレッスン、資格の勉強、ジムでのトレーニング、早起き生活、禁酒、禁煙、だらだらスマホをやめること……何にでも応用できます。

まずは「ちゃんとやらない」「最後までやらない」と気をラクにすることから始めてみませんか。

この本を読み終えるころ、あなたはもう動きはじめています。

Contents

Chapter 2

お酒、間食、だらだらスマホ……

「やめたい」のにやめられないのは、なぜ？

Contents

Chapter 4

仕事にも家事にも応用できる
できる大人の時間術

Chapter 5
もうめんどくさい……と思ったときは
中だるみした気持ちをピンと張る秘訣

Chapter 6
いざリストアップ
そもそも、あなたのやる気はだれのもの？

Chapter 7 なりたい自分を手に入れる「一点集中」の法則

Contents

カバーイラスト　Sapunkele / Shutterstock.com
本文デザイン・図版作成　石山沙蘭（silas consulting)
編集協力　星野友絵（silas consulting)

Chapter 1

早起き、英会話、勉強、トレーニング……
どんな人でも今度こそ、できる!
習慣化の法則

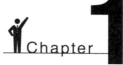

やる気はあるのに続かない2つの理由

「本当にやりたいと思っていることなのに、なかなか始められない」
「始めたとしても続けられない」
あなたにも心当たりがありませんか？　これには、2つの理由があります。

1つは、**「達成したら、どんないいこと（結果）があるか」を実感できていないから**です。

頭で「このためにやりたいんだよな」と考えているだけで腹の底から「本当にこの結果を手に入れたい！」と思えるレベルには達していないのです。この**腹に落ちる感覚がないと、どこか他人事になってしまいます。**そんな状態では、なかなか実行することができません。

私がセミナーや1対1での個別指導をおこなうときも、とくに重視しているのが

「ありありとした臨場感」です。

◎やりたいことを達成したら、何が見えますか？（例：マラソンなら、走りながらどんどん変わる景色。ゴールしたときに広がる景色。応援してくれる人たちの笑顔など……）

◎何が聞こえますか？（例：沿道から聞こえる、たくさんの声援。走っている最中の呼吸の音。ゴールして「やったー！」と叫ぶ自分の声）

◎何を感じますか？（例：走っているとき顔に当たる風が心地いい。ゴール後にかけてもらえたふかふかのタオルが気持ちいい。胸の内側で感じる熱い高揚感）

◎どんな味がしますか？（例：渇いたのどに流れる給水ドリンクの味。最高に美味しい！）

◎どんな匂いがしますか？（例：沿道の緑の匂い。流れる汗の匂い。おつかれさま会のビールの香ばしさ）

こんなふうに五感をフルに使って、心も身体も震えるくらいまでに感じてもらいます。人によって一瞬で想像できる人もいれば、時間がかかる人もいますが、その人のペースにあわせて、たっぷりと時間をとって実感してもらうようにしています。

もう1つの理由は、**「やりたい行動」そのものがあなたにとって「苦痛」だから**です。

たとえば、もともと英語の勉強が好きな人が英会話をマスターしたいと思ったり、片づけが得意な人が部屋の片づけをしたいと思うのなら、何も問題はありません。行動すること、達成することを楽しみにできるからです。

しかし、もともと英語の勉強が大嫌いだったり、片づけが大の苦手だった場合はどうでしょうか。

たとえ「英会話をマスターできたら嬉しい！」「キレイな部屋で過ごしたい」と思っていたとしても、「でも、やっぱり英語は嫌いだなあ」「でも、片づけはイヤだなあ」と思いながら、滅入った気分でやることになります。そして「達成できたら嬉しい」「でも実行するのはおっくう」という両者の狭間で葛藤する。

こうしてやる気スイッチがＯＦＦになるというわけです。

こうしてやる気スイッチはONになる

やる気が続くしくみはいたってシンプルです。

大きく分けて2つあり、1つめは前項でお話ししたように、

①「やりたい行動」の結末をありありと実感すること

まず何か目標を設定し、達成したときの喜びを感じてみるのです。マラソンでいえば、ゴールした後の気持ちよさ、達成感、充実感を楽しみにして走る。

このような**「〇〇をすれば、ほしい結果が手に入る。だから〇〇する」**といった考え方を、学習心理学では「道具的（オペラント）条件付け」といいます。

ただ、いくら結末を実感できたとしても、行動自体が「楽しい」「気持ちいい」「し

あわせ」といった「快」の感情と結びついていなければ、やる気を持続させることはできません。

そこで、2つめの方法、

②「やりたい行動」と「快」を同時進行で結びつけること

も大事になってきます。①とは異なり、ゴールした後の達成感よりも先に、走ること自体を楽しむのです。

このような**「○○をやることそのものが楽しい。だから○○する」**といった考え方を、学習心理学では「古典的（レスポンデント）条件付け」といいます。英会話をマスターしたいなら、英語の勉強自体を「快」に、部屋を片づけたいなら、片づける動作自体を「快」にするのです。

①②両方の方法を身につけることで、**「これで○○が手に入るぞ！」「○○をやっていて楽しい！」と思いながら、どんな行動でもできるようになります。**結果的に、やる気を維持することができるのです。

快・苦痛原理①

やりたい行動 × 快 ＝ やる気がでる！

たとえば

やりたい行動		快		やる気
ジムでのトレーニング	×	好きなTV番組を見る	＝	通いたい！
本を読む	×	お風呂	＝	読みたい！
勉強	×	彼女と一緒に	＝	勉強したい！

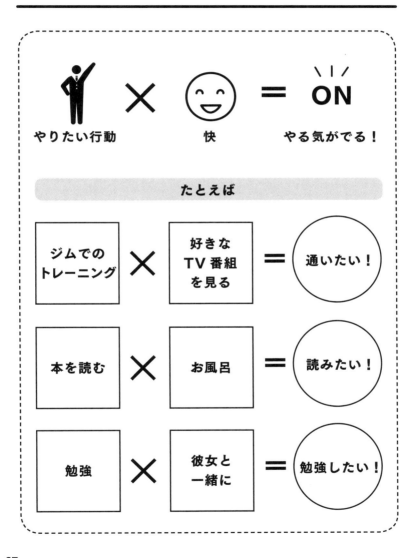

○○すること自体を「快感」にしよう

前項で紹介した②で有名なのは「パブロフの犬」です。犬の目の前にえさが出され、それを見てつばが出るとベルが鳴ります。これを繰り返しているうちに、ベルが鳴るだけで反射的につばが出るようになっていきます。

レモンを見ただけで口の中が酸っぱくなるというのも同じしくみです。

これを習慣化に応用すると、やりたいことをしている瞬間に「快」を感じられるようにすることができます。

ある人は、歩くことで体調がよくなり、ダイエットにもつながるため、毎日家から駅までの道のりを歩くようにしていました。しかし、だんだんとそれが義務のようになり、痩せるためにやらなければいけない苦痛行動になってしまいました。

ではどんなときに楽しく歩いているかと尋ねたところ、「自然や季節の移り変わりを見ながら歩いていたり、鎌倉のお寺や浅草など風情ある町並みを歩いていると、歩くことに没頭できます」と言いました。

そこで、毎日駅から家まで単調に歩くのではなく、好きな場所や季節の変化に注目しながら歩くようにしました。

歩くことが「快」になれば、途中で挫折することがなく、楽しいからこそ長続きします。

やりたいことは「楽しいし気持ちがいいからやる！」と思えるように工夫する。

これが習慣化のコツなのです。

こうしてやる気スイッチはOFFになる

頭では、「やらなくては」とわかっていても、**腹の底では「苦痛」だととらえているこ**とがあります。これが、行動を阻む大きな要因となり、やる気スイッチがOFFになる。

たとえば、机の片づけ、ダイエット、早起き、たまっている本を読む、運動不足解消のためのスポーツなど……。「やらなくては」と思っていることはたくさんあるでしょう。

でも、「面倒くさい」「時間がない」「お金がない」「疲れる」「我慢をしなくてはいけない」「睡眠時間が減る」など、**苦痛を感じることがあるため、動けなくなってしまう**のです。

「机の片づけ」の場合、「面倒くさい」「時間がない」「ホコリがたつ」といった苦痛が大きいと、やる気が起こらず、いつまでも行動に移せません。

快・苦痛原理②

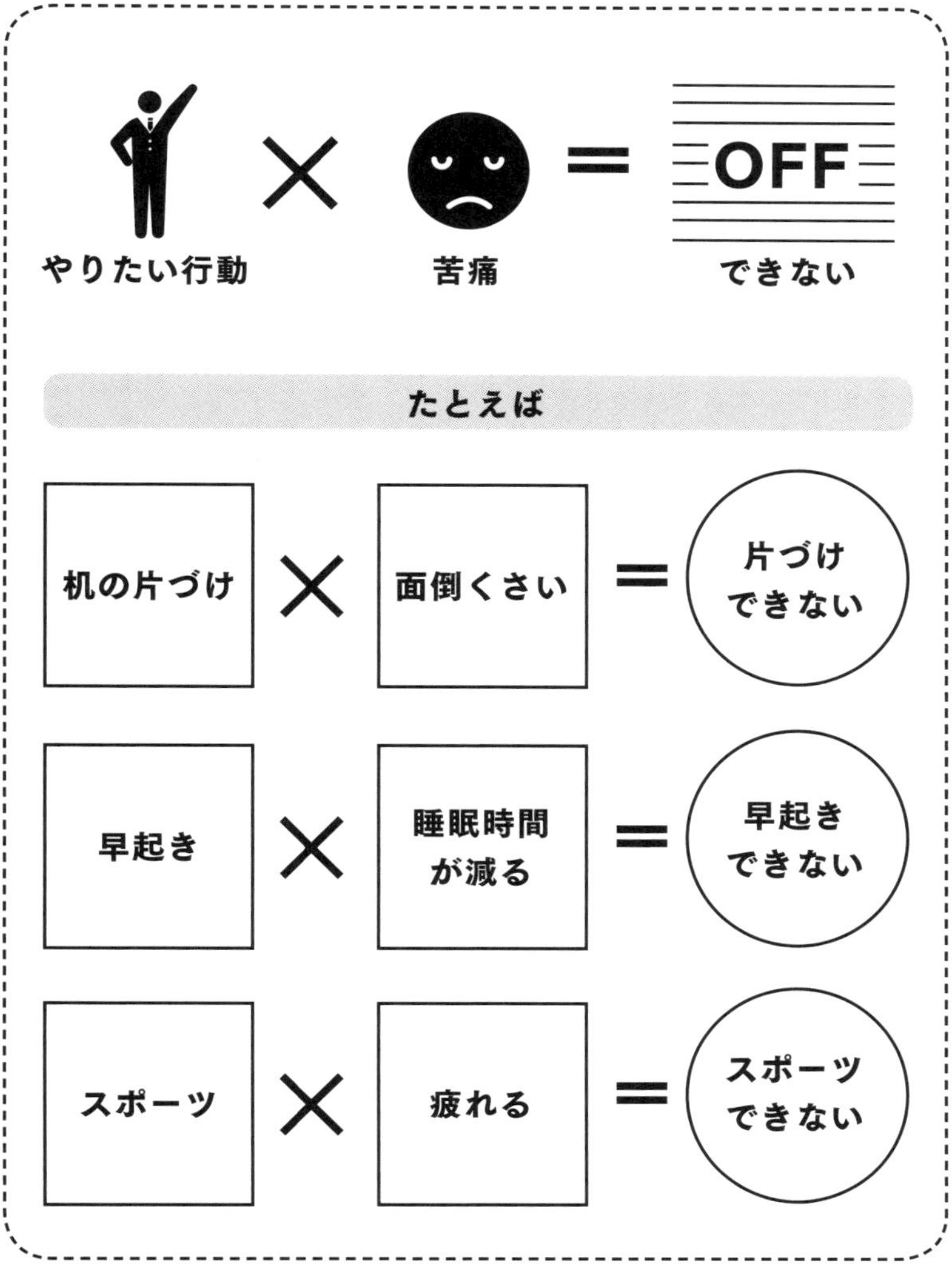

やりたい行動
×
苦痛
=
OFF
できない
たとえば
机の片づけ
×
面倒くさい
=
片づけできない
早起き
×
睡眠時間が減る
=
早起きできない
スポーツ
×
疲れる
=
スポーツできない

今日のツラさ、ほうっておくと倍増します

やりたいと思っているのになぜ、「苦痛」に感じるのか。理由がわからないと、「なんとなくイヤ」という状態から抜け出すことができません。

解決に近づくためには、まず**「苦痛」に感じている要因をしっかりと把握**しましょう。

ひとつ例をあげましょう。個人事業主のDさんは仕事を始めて1年目です。初めての青色申告を控え、憂鬱そうな様子。

「以前は会社から天引きされていたものを自分でやらなければいけない。細かい作業が面倒でイヤなのですか？」と尋ねたところ、Dさんは「それはたいしたことではない」と言います。

「領収書の整理とか申告書類の作成とか、細かい作業は自分でもやれないことはないんです。それより何がイヤかって、お金をとられること。納税は義務だって頭でわかっていても、自分で必死に稼いだお金をとられてしまうなんてイヤ！ って思うのが本音です」

つまり**Dさんが苦痛に感じている本当の要因は「細かい作業」ではなくて「お金をとられること」**だったのです。

後日、Dさんは締切1週間前に急な仕事が入ってしまい、仕方なく知り合いの税理士さんに手続きを依頼したと言います。期日には間に合ったのですが、税理士さんに支払う分が余計にかかってしまったそうです。

やる気スイッチがOFFになっていたせいで、もっと「苦痛」が上乗せされてしまったDさん。苦痛の要因をもっと早くに把握できていれば、自分で手続きできていたのに……と学んで「来年こそは」といまから決意しているようです。

あなたも、先延ばしをして痛い思いをしたことがありませんか？

そうならないために、苦痛を感じる本当の理由を明確にしましょう。

わかっちゃいるけど動けないときの打開策

何に苦痛を感じているのかを、自分自身できちんと理解しているかどうかは、とても重要です。**「苦痛」の中身がわかることで、「苦痛」を避ける別の解決策を考えることができる**からです。

こんな例があります。新人ホテルウーマンのEさんは、人と接する仕事がしたくて、第一志望だった大手のホテルに入社しました。ある日の週末、何組もの結婚披露宴が行われており、Eさんは一組の新郎新婦とすれ違った際に、新婦のドレスを踏んで、転倒させてしまいました。幸いケガはなかったものの、多くの人の目に触れることとなり、ハレの日に転ばされた新婦は大激怒してしまいました。

その場で誠心誠意謝ったのですが、許してもらえず、上司に助けを求めて代わりに謝ってもらいました。しかし「翌日に改めてお詫びに行くから一緒に来い」と上司に言われたものの、どうしても足がすくんで行けず、結局正式なお詫びができていない状態です。

Eさんは「そのときのことを思い出すと、花嫁さんの激怒した顔が思い浮かんで怖くなってしまうんです」と言います。謝りたくないのではなく、恐怖が先に立ってしまうのです。

お詫びを先延ばしにしている理由は、恐怖でした。Eさんは「怖さを感じない形での謝り方を考えたい」と言いました。どんな形でも、せっかくの晴れ舞台を台無しにしてしまったことの謝罪とともに、心から新郎新婦のしあわせを願っているという思いを伝えたい。自分の本心に気づいたEさんは新婦に会う勇気がわいてきました。

このように、本来なら逃げ出してしまうような「苦痛」でも、**その内容・理由が明確になれば、「苦痛」を避ける解決策が見つかってくる**のです。

その思考がダイエットを失敗させる

やったほうがいいと頭でわかっていても身体が動かないのは、これまで見てきたように「やることが苦痛」だから。そしてもうひとつ、「やらなければラク」だと感じているときもやる気スイッチはＯＦＦになります。

たとえば、「ダイエットをするぞ。今日からケーキを食べるのはやめよう」と決めたとき、そのことを少しでも残念に思うのであれば、ダイエットを苦痛ととらえている証拠です。そうすると、「ケーキをやめるのは明日からにしよう。あ～おいしい！」というのが「快」になります。

つまり、ケーキを食べること（現状のまま）×おいしい（快）＝ダイエットを実行できない、となってしまいます。

快・苦痛原理③

 ×  ＝ OFF

現状のまま × 快 ＝ できない

たとえば

ケーキを食べる × おいしい！ ＝ ダイエットできない

机を片づけない × 遊べる ＝ 片づけできない

だらだら寝る × 気持ちいい ＝ 早起きできない

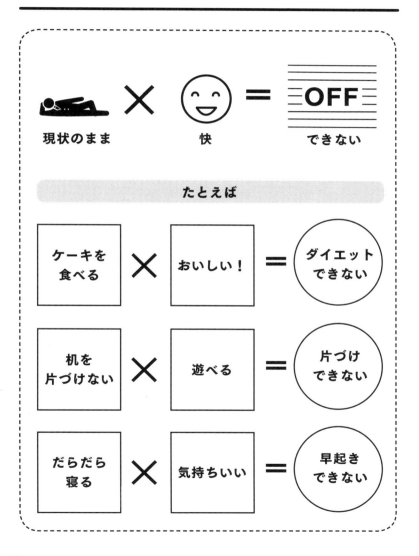

机の片づけの場合でいうなら、いつまでも机の片づけをしないことで、趣味や遊びの時間がとれる」「見たくないものを見なくてすむ」「整理棚を買わなくてすむ」……などが「快」にあてはまります。

片づけが大好きな人もまれにいますが、その人は「片づけること」と「快」(快感や心地がいいこと)が結びついているため、他人の机まで片づけてくれたりします。

一方、片づけが苦手な人は、「時間がない」と言いながら、片づけをせずにテレビを見ていたりします。「苦痛」である片づけをしないことで、「快」を得ている状態です。

このように、**やらなければラクだと思っていると、人はいつまでもやる気を出すことがありません。**

みるみるやる気が出る3つの方法

なかなか気が進まないことでも、**「やらなければツライ」と実感することで、やる気を出す方法**をお伝えします。その方法は3つあります。

① やらなくて後悔した過去を思い出す

過去を振り返り、行動を起こさなかったために失敗したり、後悔したことを思い出す方法です。

英会話の勉強がなかなか始められないとします。過去に似たような習い事で、「やっておけばよかったのにしなかった……」という場面をありありと思い出します。英会話や習い事でなくても、似たような場面で後悔した過去であればかまいません。

たとえば、家族にスケジュールを共有することがついつい遅れがちになって怒られてしまうAさんは、過去、仕事で早く対策を立てておかなかったことで、大きなクレームを出してしまったときのことを思い出してみました。ギリギリまで上司への報告が遅れたため、その後、他部署やお客様の対応が長引き、大変な思いをしました。

「もっと前から、まわりの人に相談しておけばよかった、あのときのような思いはもう二度としたくない」そう思うと、すぐに動いておこうと思えます。こうして過去をありありと思い出すことで、その後悔の気持ちを実感してみてください。

② 現状のままだと困ってしまう未来に目を向ける

「いま行動しなかったらどうなるか」をありありと想像してみてください。「苦痛」と結びつけて考えるのです。

快・苦痛原理④

現状のまま × 苦痛 ＝ やる気がでる！

たとえば

対策 先延ばし	×	夏休みの宿題 苦い過去	＝	早く 動きたい！
英会話 先延ばし	×	海外で 困る	＝	勉強 したい！
歯磨き めんどう	×	口の中 ベタベタ	＝	歯磨き したい！

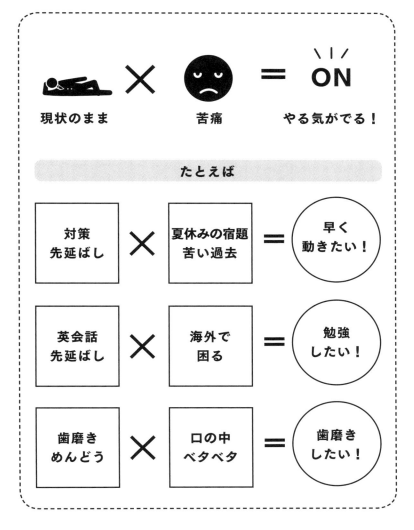

たとえば、英会話を学習しなかったら、将来どんなつらいことになるか、大変なことになるか……。海外旅行先で盗難にあっても、状況を説明できず、盗まれたものを取り返すこともできません。あるいは税関でとめられても何も主張することができません。せっかく仕事のチャンスがあったのに、英語ができないことで、ほかの人にチャンスを奪われてしまいます。

1週間後、1カ月後、3カ月後、半年後……どんなヒドいことになるか想像してみるのです。

③ やらないことで、いま困ることに目を向ける

①②では「現状のまま」行動しないことを「過去の苦痛」や「未来の苦痛」と結びつけていきました。

たいていの人はこの方法で行動を変えようと思えるのですが、過去や未来がありありと想像できないと、腹の底から実感できるレベルまで「苦痛」を感じるのは難しいケースがあります。

そこで3つめの方法として「現状のまま」行動しないことと「現在の苦痛」とを結びつけていきます。

たとえば、歯を磨かない子どもがいたとして、1週間歯を磨かなかったとしてもすぐに虫歯になるわけではありません。ずっと磨かずにいたら、いずれ虫歯になることはわかっていたとしても、あまりに先のことなので、なかなか実感がともなわないものです。そして、気がついたときには、やはり虫歯になっています。

そんなときは、「歯磨きしないと虫歯になるよ」と言うよりも、「歯磨きをしないと口の中がベタベタして気持ち悪いよね」「いま、この瞬間もバイ菌がお口の中でどんどん増えてるよ」とマイナスのイメージを増殖させ、現状のままでいることで、いまどんな苦痛があるのかを味わえるようにします。そうすると、その苦痛を避けるために歯磨きをするようになります。

①〜③いずれにしても**「どれだけつらいことがあるか」をできるだけ掘り起こすこと**が大事です。「現状のまま」行動しないことと「苦痛」をどんどん結びつけていきましょう。

「5年分の汚れ」でイメージを書き換えよう

いまはラクだ、楽しい、おいしいと「快」を感じていることでも、長い目で見ると「苦痛」だということがあります。

たとえば、机の片づけをしなければいけないとき。今日も明日も、1カ月後も、1年後も一度も机の片づけをしていない状況を想像してみてください。食べかけのお菓子や捨て忘れたゴミが引き出しの奥に詰め込まれ、異臭を放っています。ずっと片づけをせずにさらに1年が経ち、2年分の書類が山積みになり、請求書も大切な書類やビジネスレターもぐちゃぐちゃです。

こんな状況がさらにもう1年、また1年と、とうとう5年間一度も片づけをしなかったとしたら、5年間分の汚れ、書類がたまっています。**このひどい状況を想像**

してみてください。

片づけをすることを「苦痛」、片づけをしないことが「快」と結びついたままでいると、**最終的には大きな「苦痛」を引き起こしてしまいます。**

その悲惨な未来をありありと想像できると、片づけをしないことがどれだけ苦痛なのか結びついていきます。

こんなときには、いったん片づけをしてすっきりとキレイになり、「この書類はここにある」「あの書類はそこにある」とすべてを把握できて、スムーズに仕事ができているという気持ちのいい未来の状態も腹の底から実感してほしいのです。

こうすることで、「片づけをしないほうがラク」から「片づけをしたほうが気持ちいい」に、イメージを書き換えることができます。

これは先に紹介した快・苦痛原理①（P27）にあたります。

五感をフルに使って、気持ちよさを体感！

「現状のまま」から抜け出すには、「やってみたら楽しい！」と実感することが大事です。頭でわかるだけでなく、腹の底から臨場感をともなって、ありありと感じてみるのです。「やってみたら楽しい！」を強烈にイメージできれば、やる気を持続させるための強力なエンジンになります。

方法は「やらなければツライ」（P39）のときと真逆で、「やりたい行動」と今回は「過去の快」「未来の快」「現在の快」とをそれぞれ結びつけていきます。

① 過去の「やってよかった」を思い出す

まず過去を振り返ってみます。

行動する前は「面倒くさい」「イヤだな」と思ったけれど、やってみると喜ばれた、ほめられた、達成感が得られた、認められて自信がついたなどの過去の体験をありありと思い出します。

「やってよかった」という過去を思い出すことで、「やること」と「うれしいこと」「心地いいこと」が結びついてより強く「快」を実感できます。

たとえば英会話を始めたいと思っているとき。「高校時代に体育会系の部活をやっていて、そのときはつらかったけれど、あとで考えてみたら体力がついた」など、最初はイヤだと思ったけれど、思いきって始めるうちに、少しずつ上達してその後役に立った、達成感が得られた、自信がついた、といった事例を思い出していきます。すると「これから始めたい」と思っている英会話とも「いい気分」が結びついていくのです。

ポイントは、五感をフルに使うこと。当時の気持ちを思い出してください。そのとき見ていたもの、聞こえてきた声、音、肌で感じたまわりの空気、匂いなど……どんなシーンが見えますか？　ありありと思い出してみましょう。

心も身体も震えるくらいに当時の気持ちを実感できたら、コツをつかめたといえます。

②「行動することで手に入る気持ちのいい未来」を想像する

その行動をすることで、数日後、1週間後、1カ月後、1年後……どんな素晴らしい未来になるか想像する方法です。

たとえば、近々海外旅行に行くとしたら、流暢な英語ではなくても日常会話ができている自分を、具体的な場面でありありと想像します。

ちょっとしたトラブルがあっても、ホテルのコンシェルジュに相談したり、街角ならポリスマンに状況を説明したり、自分はある程度現地の人の言葉を聞き取れて、話せるという自信が持てたとしたらどうでしょうか。

そして、少し自信がついたあと、どんな未来を実現できたらいいでしょうか。

たとえば、旅行の数週間後に、ビジネスの場面で海外から大切なお客様がやってきたとき、上司や部下たちの前で、お客様と気軽にジョークを交わしながら談笑している自分がいます。そして、その数カ月後、1年後……、その先の未来も描いてみます。

このように、英会話ができることで、どれだけ楽しいか、自信につながるか、**自分にとって気持ちのいい感情**をありありと想像することで、「やってみよう！」という思いにつながります。

③ 行動すると同時に好きなことを味わえるようにする

最後に大切なのは、その行動自体を「気持ちいい」と感じられるようにもっていく方法です。

私たちは、**何か我慢してやりきったあとに自分にごほうびを与えがちですが、じつはこれでは逆効果**なのです。

たとえば、ジム通いを続けたいというとき。エクササイズが終わったあとに、「今日は頑張ったから、さあビールを飲もう！」「ごほうびにチョコを食べよう」ということをしがちです。これでは、エクササイズをしていること自体は「快」にはならず、運動のあと（運動をしていないとき）と「快」が結びついてしまいます。

極論をいえば、「運動している最中以外にチョコを食べない！」というくらいの状況にするべきなのです。運動するのと同時進行で好きなお菓子を食べたり、好きな音楽を聴くなど、自分にとっての「快」と結びつけることをしたほうがいいのです。

このように、運動が「苦痛」だとしたら、チョコを食べるという「快」と同時に行うことで、次第に、チョコを食べていなくても運動をしていると心地がよく、うれしい気持ちになっていきます。運動すること自体が「快」になればジム通いを習慣化できます。

読書は嫌いでお風呂が好きというビジネスマンが、お風呂につかりながら読書をすることで、読書嫌いを克服できたというケースもあります。

快を味わいながら行動するのは、結果が出やすくおすすめです。

人の行動は感情に左右される

快・苦痛原理①〜④をまとめると、こうなる

	快 楽しい／気持ちいい／充実 etc.	苦痛 苦手／面倒くさい／疲れる etc.
やりたい行動	① ON	② OFF
現状のまま	③ OFF	④ ON

キーワードは「同時進行」

「三つ子の魂百まで」といわれるように、愛情という「快」は大きなエネルギーになります。

ユダヤ人には天才が多く、本をたくさん読むことで知られています。

ある研究によって、その理由が解明されました。

ユダヤ人は幼少期に、父親のあたたかい膝の上に乗せられ、水アメを食べさせてもらいながら聖書を読んでもらうそうです。つまり、あたたかい体温、甘い水アメ、優しい声に包まれているのと同時進行で、本を読むという習慣が身についたのです。

彼らは本を読むと無意識のうちに甘い水アメとあたたかい体温の感覚がよみが

えるそうです。そうして本が好きになり、たくさん読むのだといいます。
幼少期のときから読書をしていれば、結果的に天才も増えるということでしょう。

先ほどから伝えているように、「やりたい行動」と「快」を同時進行で結びつけることが重要です。
この場合、本を読んだあとにアメをあげるのではなく、読んでいるときにだけアメをあげるようにしたほうがいいですね。

「快」というごほうびを同時進行で味わえたら、人はおのずと動くものです。
あなたも、ぜひ実践してみてください。

生々しすぎる想像力が、あなたを成功に導く

大事なことなので繰り返しますが、「やりたい行動」を「未来の快」や「未来の苦痛」と結びつけるときは、**ありありと想像すること**がポイントです。

たとえば、いまのまま大量に食べ続けると、半年後、1年後にどれだけ太ってしまうのか。

このままずっと運動をしないでいると、1年後、3年後にどれだけ体調を崩すのかを想像し、そうなった未来を、**臨場感をもって身体と感情で味わってみます。**

こんなふうにネガティブな結末を実感することで、大量に食べ続けることや運動しないでいることをなくしていくことができます。

反対に、ポジティブな結末を実感することでも、行動を増やすことができます。

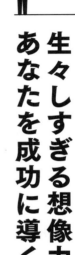

いま英会話を勉強することで、将来海外で仕事をするときにどれほど役立つかを想像し、身体と感情で味わってみる。

イヤな結末でも、いい結末でも、大切なのは、なんとなく想像することではなく、**できるだけ具体的で生々しいエピソードをありありと思い描くこと**です。

このまま食べ続けて運動もしないまま、5キロ太った自分をありありと思い描く。着ていた服はすべて着られなくなり、鏡に映ったシルエットは自分とは思えない。そんなシーンです。

一方、節度ある食生活をして、身体にいいものを食べて、適度な運動をすることで、いま以上にシェイプアップして「スタイルがいいね！」とまわりから言われる。そんなシーン。

このように、ポジティブな未来、ネガティブな未来をありありと思い描くと、行動に結びつけやすくなります。

苦手なことに挑戦するときの4原則

この章ではやる気の出し方をいろんなパターンで見ていきました。すぐに生活の中で実践できるものばかりです。

ただし、注意点があります。好きでも嫌いでもない行動なら「快」に結びつけやすいですが、「できればやりたくない！」というほどの「苦痛」をともなう行動を、突然「快」に結びつけるのは難しいことです。

「はじめに」でもお伝えしたように、まずは**「快でも苦痛でもない状態」**にもっていきましょう。**ぼーっとしていても機械的に行動できる状態**にもっていくのです。

私の場合、高校を出た時点で偏差値37、高校を出るまで机で勉強をしたことがなかったので、勉強＝苦痛でした。でもどうしても大学に行きたかった。

ですから、まずは英単語のカセットテープを一日中流しっぱなしにしました。とくにちゃんと聴くわけでも覚えるわけでもなく、ただ流しっぱなしです。これだけで知らず知らずのうちに頭に入り、単語帳を読んでも覚えやすくなっている。次第に英単語を頭に入れるのが気持ちよくなっていったのです。

もともと嫌いなことを無理にやろうとするとかえって「苦痛」が増すため、いったん好きでも嫌いでもない状態にしてから「快」に変えていくほうが、結果的には短時間で成果が出るようになっていきます。

ポイントは、

① ちゃんとやらない
② 最後までやらない
③ 効果を気にしない
④ わざわざ時間をとらない

この4原則を心がけることです。

苦手なものをちゃんとやろう、最後までやろうとすると、イヤな気分が増していきます。「はじめに」の①ホップ、②ステップ、③ジャンプでも紹介したように、気楽な状態でいることが大事です。

また、運動が苦手な人がコーチから「20分走らないと効果がないよ」と言われたら負担になりますが、「5分でいいよ」と言われたらだいぶラクになります。もっと言えば「トレーニングウェアに着替えてジム内をうろうろしてお風呂入るだけでいいよ」と言われたら何の苦痛もなくなりますし、むしろ「快」に変わることでしょう。

そして私たちの多忙な生活のなかでは、あえて時間をとろうとすること自体が難しいもの。時間をとろう、と構える時点で疲れてしまいます。そういう気分が下がることはどんどんやめてしまいましょう。

とにかく「気分第一主義」ですから、この4原則のとおり、気楽にやってみてください。

Chapter 2

お酒、間食、だらだらスマホ……
「やめたい」のにやめられないのは、なぜ？

悪習慣を断ち切れない2つの理由

1章では、「やりたいこと」を習慣化する法則を見てきました。

この2章では、タバコ、お酒、おやつ、夜食、だらだらスマホといった「悪習慣」を断ち切る法則を見ていきます。

あなたもやめたいと思いながらつい「今日だけは……」と自分に言い訳していることがあるのではないでしょうか。

やめたい習慣をストップできないのはなぜか。

それには2つの理由があり、1つめは、

① イヤな結末を実感できていないから

たとえば、タバコをこのまま吸い続けると、どういう結末になるのかがありあり

だから悪習慣をやめられない

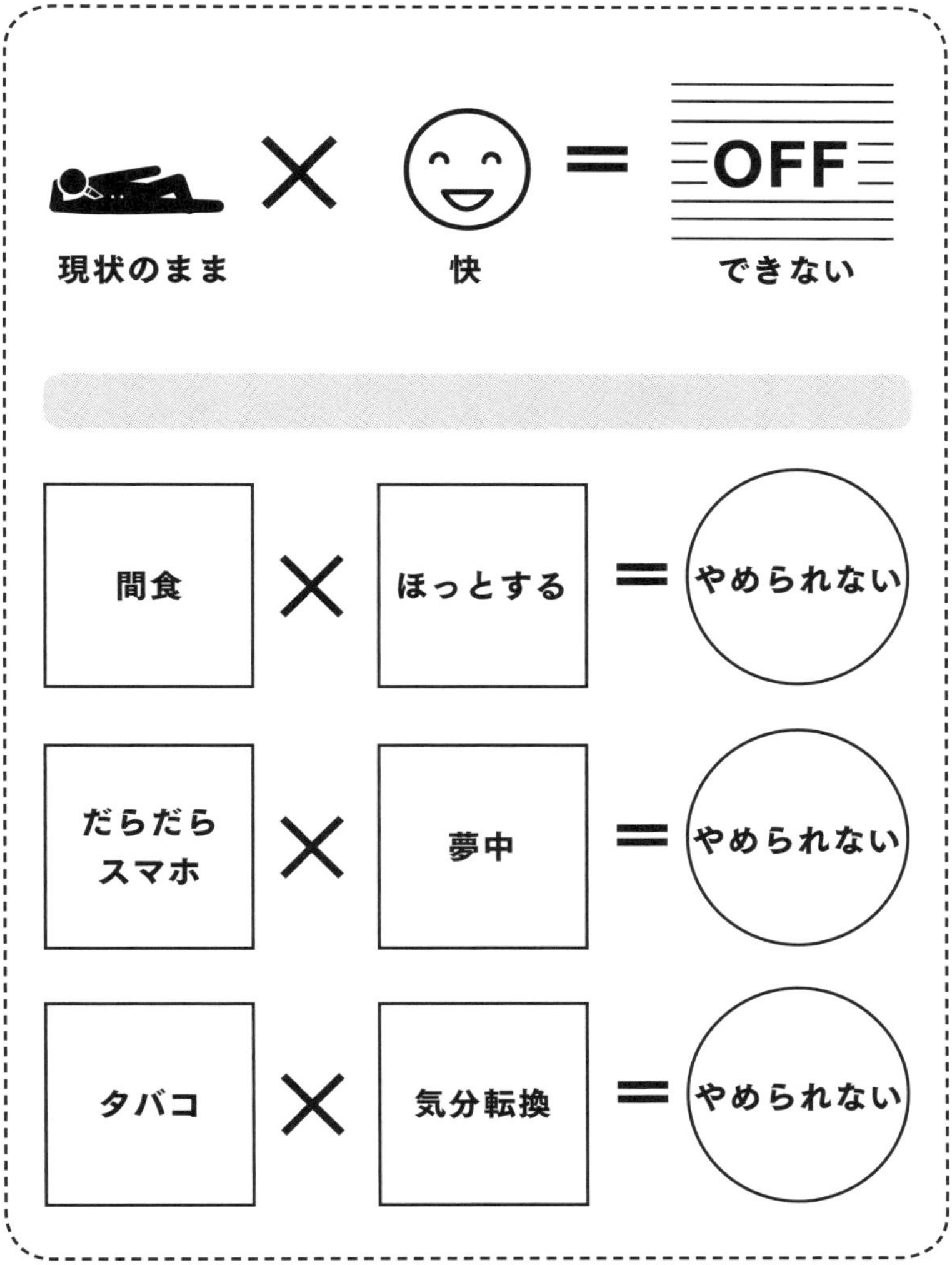

と実感できていない。仮にタバコを吸いすぎて肺がんになってしまった人の話を聞いても、それは人の話であり、なかなか自分のこととして実感できません。

また、その結末にたどりつくまでに長く時間がかかるので実感できないというのも大きな要因です。

そしてもう1つの理由が、

② 行動自体が、自分にとって「快」だから

やめたいと思いつつも、その行動自体が自分にとって「快」であるため、「もっと体験したい」「もっとほしい」「できれば続けたい」と感じる感情・感覚と結びついていて、やめられない。

結末のヒドさを実感できたとしても、目先の「快」に負けてしまい、タバコがおいしい、ゲームは楽しい、という思いから、結局続けてしまうのです。

こうして禁煙スイッチはONになる

悪習慣を「苦痛」と結びつけることができれば、どうしてもやめられないと思っていたことでも、むしろ続けることが難しくなります。

ヘビースモーカーのOさんは、健康のために禁煙を決意。家族にも職場にも宣言し、「禁煙は明日からにしよう」と、その日はいつも通りの本数のタバコを吸って「これで最後の1本」と、おいしそうに煙を吐き出しました。

しかし翌日、「よし、今日こそ禁煙をしよう。これで最後の1本」と火をつけ、タバコを吸うと、「やっぱり明日からに……」と先延ばしにしてしまいます。

この調子で結局Oさんは禁煙することができません。単に意志が弱いからではなく、Oさんにとって、タバコを吸うことは「快」、禁煙は「苦痛」だから。

これを逆転させればいいのです。

○○すること自体を「苦痛」にしよう

間食や缶コーヒーの飲みすぎといった悪習慣も、心理のメカニズムは同じ。**「快」と感じているものを「苦痛」に逆転させる**といいのです。

ある30代の男性は、ついお気に入りのお菓子に手を伸ばすクセがあり、一度食べるととまらなくなると言います。ウエストもきつくなってきたし、身体によくないとわかっていてもやめられません。

そこで、お菓子を食べること自体を「苦痛」に感じるように誘導しました。

まず、絶対に口に入れたくないもの、口に入れると想像しただけでも吐き気がするものを思い浮かべます。

彼が頭に浮かべたのは「乾燥したゴキブリ」でした。乾燥したゴキブリの**色、形、感触やにおいなどを、ありありと思い浮かべます。**

彼は、「ウェッ」と低くうなったあと、顔をゆがませました。カサカサした感触、鈍く光る黒い表面、脂くさいにおい……。そして目の前のお菓子を見ながら、さらに強く、腹の底から感じられるように「乾燥したゴキブリ」をありありとイメージ。口に入れると、カサッというゴキブリの羽の感触、脂っこいにおいと噛んだときの苦い味。「もうダメだ……。やめてくれ！　吐く！」と叫んだ瞬間から、彼は一切そのお菓子が食べられなくなりました。

また、1日何杯も缶コーヒーを飲んでしまうのでやめたいという男性にも、同じ方法を用いました。

彼が思い浮かべたのは、残飯をあさって異臭を放っているドブネズミの搾り汁。コーヒーを見ながら濃い茶色のドブネズミの汁をイメージしました。

色、苦い味、少しとろっとした舌触りをありありと思い浮かべながら、ゆっくりと缶コーヒーを喉に流し込みます。ごくっと一口飲み、苦そうな表情。そして二口目、缶に口をつけたと同時に「ゲェッ!!」と声をあげ、トイレに駆け込んでいきました。

いかがでしょう。これで、やめられそうではありませんか？

タバコを見ただけでツラくなる仕組みづくり

「快」に感じていることが、現在進行形で苦痛と結びついた事例をもうひとつご紹介します。

ヘビースモーカーだった30代後半のRさんの例。

昔は1日3～4箱はタバコを吸っていて、まったくタバコをやめる気がありませんでした。

ある日曜日、新聞を読みながらRさんがタバコを吸っていると、そこに5歳の娘がきて、大泣きしています。

びっくりしたRさんは、娘になぜ泣いているのかと尋ねました。

すると、「タバコを吸っていると死んじゃう。パパが死んじゃうのイヤだ！」と泣き叫び、大粒の涙をポロポロ流しているのです。

Rさんの手は震え、だんだんと呼吸が乱れ、ツラい思いで彼の胸は張り裂けそうになりました。いま目の前には、どうしようもないほど切ない泣き顔の娘がいます。

この瞬間、Rさんの中で**「悪習慣（タバコ）」と「苦痛（張り裂けそうなツラい思い）」が結びついた**のです。

それから彼は一切タバコを吸わなくなりました。

いや、吸えなくなったのです。

タバコを見ただけで、においをかいだだけで、娘のことを思い出し、ツラくなってしまうそうです。

何度となく禁酒・禁煙に失敗してきた人でも、このようにツラくて不快な感情

が結びつくことで、目先の行動が止められたのです。

そのことを頭で理解するだけでなく腹の底からありありと実感できると、かならず悪習慣は断ち切れるのです。

ストップ系スイッチはこうしてONになる

現状のまま × 苦痛 ＝ やめられる

たとえば

タバコ	×	切ない娘の泣き顔	＝	禁煙！
だらだらスマホ	×	上司の怖い声	＝	だらだらできない
間食	×	身体の重さ、ダルさ	＝	間食に手が出ない

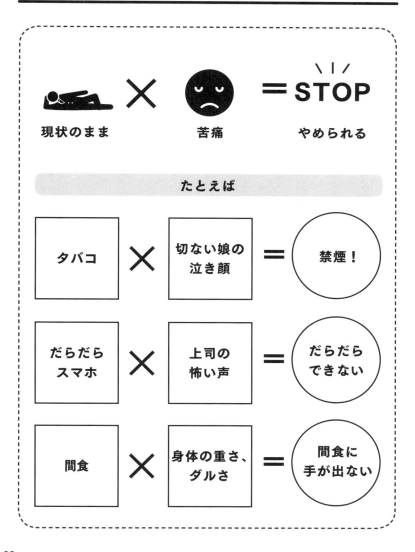

悪習慣をスパッと断ち切る起爆剤

「苦痛から逃れたい」という思いは、悪習慣を断ち切るのに大きな役割を果たしてくれます。

Sさんは20年以上、お酒を毎日飲み続けています。

営業職のため、毎日取引先をまわり、身も心も疲れ果てたあとにお酒を飲むのです。Sさん自身は「健康診断の数値もよくないし、お酒をやめないとダメだとわかっているものの、やはり飲んでしまうんです」と言います。

Sさんに本当にお酒をやめたいのか確認したところ、「本当にやめたいんです。肝臓も悪くなってきているし、このままでは家族に心配をかけてしまいます」と意志は固い様子。

そこで禁酒のためのカウンセリングをしました。

まず、身体の調子が悪くなるくらい飲むとしたらどのくらいの量になるかを確認します。Sさんの場合は、缶ビールを5～6本、ワンカップを1杯、缶酎ハイを2～3杯飲むと、翌日は相当具合が悪いと答えました。

次に、**いまここでお酒を飲んでいるというシーンを、ありありとイメージ**してもらいます。仕事を終え、まずはビールと枝豆、次にワンカップをすすりながらスルメをかじり、最後に缶酎ハイ。それを夜12時過ぎまで続けている自分を、いままさに体験しているかのように思い出します。

するとSさんは**「吐きそうなくらい気持ちが悪い」**と言います。

それでも、「遠慮せずにもう少し飲んでくださいよ」と促して、翌日も同じくらいお酒を飲んでいるという場面を、ありありと想像してもらいます。

4日目までくると、Sさんは「もう無理です、吐きそうです」と具合が悪そうでしたが、それでもまだ、イメージの中で毎日毎日飲み続けてもらいました。

とうとう6日目にSさんはギブアップしました。

「もうイヤだ！　本当に吐きそう!!　こんなのもう飲みたくない！　酒なんかキライだ!!」

このとき初めて、Sさんの中で飲酒と「苦痛」が結びついたのです。

飲酒と「苦痛」をさらに強固に結びつけるため、Sさんの提案で、ビールに醤油をたらして一気に口に入れました。

飲み込む間もなく、全部吐き出しましたが、Sさんの中で、アルコールの味、においい、色と「苦痛」が、まさに身体と感情でも体感できた瞬間でした。

そのときから、Sさんはお酒が飲めなくなってしまいました。

あなたも、どうしてもやめたいと思う悪習慣がある場合には、ぜひやってみてください。**驚くほど効果がありますよ。**

失敗パターンは始点から止めてしまおう

悪い習慣を断ち切る方法は、まだまだあります。

はじめから手をつけないようにするという方法で、毎日だらだらと同じことを繰り返している……という人にはとくに効果的です。

あなたは、夜、仕事から帰ってきたら、まず何をしますか？

服を着替え、お風呂に入る準備をしている間にテレビを見ようと思い、テレビをつけてみたら、なんとなくそのまま見続けてしまったり、「少しだけ」と言いながらゲームにはまってしまったり……。

なんとなく習慣化しているパターンに、はまってしまっていませんか？

一度習慣化したパターンは、意識しなくても機械的に始まってしまうものです。

それをなんとかしたいのならば、悪いサイクルが始まるところ（始点）を断ち切ることが大切なのです。

家に帰ってもテレビをつけないようにする。
テレビの向きを変えてしまう。
テレビのリモコンの電池を抜いてしまう。
このように、始点から断ち切ります。

「この番組のここだけを見よう」「この新聞のここだけを読もう」「15分だけ」と思っていても、いざ見始めると、決めたことを忘れて、あっという間に時間が過ぎてしまうものです。

悪習慣を断ち切るには、はじめから手をつけないようにしましょう。

だらだらする自分を許してあげてください

「少し時間があると、だらだらとスマホをいじってしまうんです」
「気づけばゲームで半日以上使ってしまって、罪悪感がわいてきます……」
こんな相談を受けたときによく紹介する内容を、あなたにもお伝えしたいと思います。

だらだらグセを責めてしまう人に伝えたいのは、**「罪悪感を抱くこと自体をやめましょう」**ということです。罪悪感を抱いていると、気分がどんどん下がっていきますから、何もいいことがありません。

じつは、こういった**だらだら過ごす時間が必要な人がいます。**とくに忙しいビジネスマンであれば、日々「すぐに取りかからなければいけないこと」に追われています。

緊急なことに取り組んでいる時間が長くなればなるほど、反動で、だらだらする時間も欲するようになるのです。忙しい人が息抜きの時間をなくしてしまうと、精神的にまいってしまいます。

人に頼んだりして緊急の案件を減らすことができたら、そのときにはじめて、だらだらする時間も減らすことができるのです。

だらだらした時間を過ごすこともまた、意味があるのです。

まずは、「またダらだら過ごしてしまった……」と罪悪感を覚えたときには自分にＯＫを出してあげましょう。

Chapter 3

結果が出る人はやっている！
やる気がもっと長続きするコツ

いい気分が続けば、やる気も長続き！

1・2章では、やる気が出るメカニズムを見ていきました。

さあ、これから、やる気を長続きさせていきましょう。


やる気をより長く維持するには、**クセにすること**です。

「やりたい行動」と「快」を、わざと強烈に結びつけます。そして、それを習慣にしていくのです。


英語の勉強、部屋の片づけ、ジム通いなどを「楽しくてやめられない」「したくてたまらない」と思える状態にもっていきます。

そのためにまず必要なのが、**快適な心と環境をつくる**ことです。

自分の心の状態を整えることを私は「セット」と呼んでいます。「セット」することで、気持ちよく行動ができる心の状態をつくります。

このときに大切なのは、**「やりたい行動」を、気持ちのいい状態のときにおこなうことです。**

もっと言うと「いい気分」をあらかじめつくってから、行動するのです。

たとえば、掃除。自分が「楽しい」「うれしい」と感じているときにします。そうすると、「いい気分」と「掃除」が結びつきます。

また、**気になることを先にすませておく**というのも「セット」のひとつです。何かを気にした状態で作業をするよりも、先にすませておくとスッキリした気持ちになれるからです。

ほかにも身体が疲れすぎていて次の行動に移れないなら、マッサージや昼寝などで休憩をとり、疲れが軽くなってから行動します。

身体の状態を整えるのも「セット」のうちです。

また、その行動を気持ちよくできる環境設定のことを「セッティング」といいます。

たとえば、行動前に、好きな音楽をかける。

集中できる照明にする。

仲間と一緒にやる。

心地いい室温でやる。

お気に入りのカフェに行く。

大好きなケーキを食べる。

落ち着くアロマをたく。

シャキッとするお茶を飲む。

大好物のお菓子を食べる。

自分らしい洋服を着る。

快適な椅子と机を用意する。

……など、**自分にとっていい状況をつくります。**

ある人は、目標実現のための手帳をつくったときに、目標を意識するためのセッティングとして、手帳内に「目の保養所」というページをつくりました。そこには、自分の奥さんや女優など、好みの女性の写真を貼り、それを見てからほかのページを見るようにした結果、手帳をクリエイティブに活用するようになったそうです。

「セット&セッティング」は、できるだけたくさん用意しておきましょう。 あればあるほど、さまざまな場面に対応できます。

「気分が上がる」タイプは人それぞれ

やる気をより長く維持するには、快適な心と環境をつくることが大事。

でも、ほかの人にとって快適なものが自分にとっても快適、とはかぎりません。

自分にとってぴったりくる「セット&セッティング」を探してみましょう。

たとえば、カフェでコーヒーを飲みながらメールを書いたり仕事の資料を読み込んだり、１時間ほど落ち着いて作業をしたいとき。

あなたなら、どんなカフェだと作業がはかどりますか？

Ａさんは、こう言います。

「銀座の○○というホテルのラウンジは、天井が高くて窓が広くて開放感がありますね。客層も落ち着いているし、自分の好みです。コーヒーが１杯１５００円とか２０００円とかするんですけど、絶対にそのぶんの価値があると思います」

コーヒーに高いお金を払ったとしても、気分がいいから生産性が上がるというわけです。

ところが、「自分にとってはコーヒー1杯100円のファストフード店のほうが気分が上がります」という人もいるのです。

Bさんいわく、「朝のファストフード店って意外と混んでなくて、けっこうゆったり過ごせるんですよ。電源もあるからノートPCを持ち込んでの作業がしやすくて助かります」。かならずしも高級なカフェに行く必要はないというわけですね。ただし、「どこでもいいわけじゃなくて、新宿の△△にある店舗の、この席！」というのは決めているそうです。

Cさんは「仕事場の近くのファミレスに、お気に入りの店員さんがいます。長身でかっこよくて、顔と声がかわいくて、パフェをつくるのが上手なんです。打ち合わせで使うこともあるんですが、彼がいなかったらすごく残念……テンションが下がっちゃって、仕事のやる気がまるで変わりますね」と言います。

このように、とにかく気分が上がるかどうかがすべてなのです。

人によって好みのタイプが分かれますが、大きくは「ワクワク系」「癒し系」「集中系」の3つ。身近にあるカフェから自分にとって気分が上がる場所を探して、いくつかお気に入りのお店を持っておくといいでしょう。

複数のタイプを使い分けるというよりは、**どれかひとつ、自分の傾向にあわせて選んでください。**「自分は集中系が好き」と思ったら、集中系のカフェをいくつか探すのです。

私の場合、渋谷のスクランブル交差点にあるコーヒーショップがわりと好きです。駅の目の前ということで、いつも行列ができて、狭い店内にぶわーっと人が集まっている。窓の外でも大勢の人が行き交い騒がしい雰囲気。でも、意外と仕事の作業がはかどるのです。

ただ、人によっては「あんなににぎやかな場所で仕事するなんて絶対、無理」というのもわかります。

自分が「快」に感じるのはどのタイプか、ぜひ探してみてください。

「気分が上がる」タイプは人それぞれ

たとえば

ワクワク系

仕事で入ったカフェにかわいい店員さんがいると気分が上がる～！

癒し系

店内に川が流れていて熱帯魚が泳いでいるカフェで、美味しいコーヒーでゆったり、リラックス！

集中系

飲み物はポットでたっぷり！ 電源確保できて室温快適。そんな機能的カフェだとはかどる！

あなたの「快」はどのタイプ？

私がやっている ベストな環境づくり

自分にとってベストな環境をつくることは、自然にやる気が上がることにつながります。

前項でカフェの例を出しましたが、私にはもうひとつお気に入りのカフェがあります。

ある神社の文化館に併設されたオープンカフェで、目の前に森のようなたくさんの木が見えるのです。そこで作業をすると、まるで軽井沢に来た気分で、とても気持ちがよくなります。しかもコーヒーが1杯300円。お得でしょう。

「場所なんて関係ない」と言う人もいると思いますが、私にとっては自宅で机の前に3時間座るより、お気に入りの場所で1時間取り組むほうがはかどります。

ただし、注意したいのは、こだわりすぎないこと。

「カフェでなくてはできない」「オープンエアでなくては作業がはかどらない」という状況になってしまうと、効率がいいとはいえません。

私はスーパー銭湯で作業をすることもあります。

渋谷から電車で20分くらいの駅から徒歩3分のところに天然温泉があって、内装は高級温泉旅館かのように落ち着いた雰囲気。丸一日ずっといられるので、朝から行って、温泉に入って、ランチを食べたら午後はずっと作業。夕食もそこで食べて、また温泉に入って帰ってくる。岩盤浴もできて、利用料は１５００円前後とリーズナブルです。

すべての基準は「気分が上がるかどうか」なのです。

「セット&セッティング」も、いくつか候補をあげておき、状況に応じて選択するくらいがよいでしょう。

ひとりより仲間がいれば習慣は続く

やる気を長く維持したいなら、仲間を見つけるのもひとつの手です。

ダイエットやエクササイズ、ジョギングなど、**ひとりでしようとせずに、誰かと一緒にすれば、続けられる可能性が高くなります。**

たとえば、毎朝ジョギングしようと決めていても、ひとりなら小雨が降れば「今朝はやめようかな」と思ってしまうもの。

でも、「○○さんと6時に待ち合わせしているし……」と思えば足を運びますし、会えば、「おはよう！」と明るい気持ちになって、一緒に楽しく走れます。

私の場合は、ジムでパーソナルトレーナー（1対1でフィジカルトレーニングの指導をしてくれる人）のトレーニングを受けているため、トレーナーが私と一緒にやってくれます。そのため、「やめようかな」と思う気持ちはなく、「トレーナーがいるからきちんとやろう」という気持ちになれます。

そのほか、**「誰かに宣言する」**というのも有効な「セット&セッティング」です。宣言してしまったほうが行動に移しやすいものです。**人に言うとなかなか後には引けなくなるため、挫折する可能性も低くなります。**

もちろん、逆にプレッシャーになりすぎてしまうという人は、無理に宣言する必要はありません。自分に合う方法を見つけて、どんどん取り入れていきましょう。

まわりを巻き込んで楽しくやってみよう

「何をするにも、つい人の目が気になってしまうんです……」

「だらしないと思われたくないんです……」

こんな相談も、私のもとに多く寄せられます。

じつはこういう人こそ、**その性格を逆手にとって、誰かと一緒に習慣化する**ことをおすすめします。


「ひとりでは続かないので、○○を一緒にやりませんか？」と同じ興味をもっている人に呼びかけてみるのです。

「せっかく誘っても、断られたらちょっと傷つく……」と思う場合は、誰かが主宰している会に参加してみましょう。あちこちにコミュニティがありますから、自分の好みに合うところに行ってみるのがいいと思います。

そこで仲間ができたら、「今日はどれくらいできたか」「どれくらい進んでいるか」をＦａｃｅｂｏｏｋグループやＬＩＮＥなどを使って報告し合うのです。

できたことを伝えたときに「すごい！」「おめでとう！」「そんなにできたんだ！」「がんばったね！」と声をかけてもらえると、皆、承認してもらえるのがうれしくて、もっと取り組むようになります。

取り組む対象が同じでなくても大丈夫。たとえば３人グループなら、「私は３カ月後までに３キロ減量する」「私は英会話を○○までマスター」「私は二胡《にこ》を一楽節弾けるようになる」と決めて、１日１回、それぞれ自分がどこまで達成できたか報告します。

人の目が気になるタイプの人だからこそ「やろう」「報告しなきゃ」と思って、取り組むことができます。はじめは「おっくうだなぁ」と思っていても、「報告しなきゃ」「一緒にやるって約束したし」と取り組んでいるうちに、**いつのまにか楽しくてついやっている状態を経て習慣になっている**というのはよくあることです。

ぜひまわりが気になる性格を逆手にとって、誰かと一緒に取り組んでみるというのを実践してみてほしいですね。思いのほか、楽しいですよ。

結果が見える「目盛り」をつくろう

ダイエットにしても英会話にしても、結果はすぐに出ませんし、わかりにくいものです。

そんなときには**「目盛り」**をつくりましょう。

すぐに目に見える結果を示していくことが、行動を続けるポイントになります。

たとえば、50グラム体重計というものがあります。２００グラム単位の場合、１日では変化が見えづらいものですが、50グラムなら変化が見えやすく、張り合いも出ます。

また英会話なら、フレーズの数で数えてみます。３日間で３フレーズ覚えて、５日間で５フレーズ、１週間で７フレーズ。２週間たったら14フレーズも覚えている、といったように、毎日フレーズ数が増えていくと張り合いが出ます。

文章やレポートを書くときなど、達成度がわかりにくいものであれば、小分けにして書くという方法もあります。

ポイント制にするという方法もあります。この場合、全体が10点満点なら、現時点で何点までできているかを判断します。

このように、なるべく小さな目盛りをつけて、毎日はかることができる何かを見つけてください。

「1日にこれだけやれば、これだけ目盛りが上がる」と達成感がはっきりわかるようにすることは、習慣化のきっかけになります。

達成感を味わえる、付箋活用術

体重が50グラム減った。英会話で使えるフレーズが3つ増えた。こうしたケースなら数値化しやすいのですが、結果がはっきりと目に見えない場合もあります。

そういう場合は、**「行動した数」を数値化**して、目盛りではかれるようにしてみましょう。


たとえば、「職場の雰囲気をよくしたい」というケースでは、結果の目盛りを日々はっきり確認することができません。

しかし、「課の全員に自分から大きな声で挨拶をする」「1日3人と仕事以外の話をする」「1日1人以上に笑える話をする」「1日5人にその人のいいところを伝える」と、**ひとつひとつの動作を数えていくと、行動自体が目盛りになります。**

すぐに会社の雰囲気が変わったり、コミュニケーションが増えるかというと、そうはならないかもしれません。でも、具体的に「◯回、◯人、◯日続いた」といったように、目盛りが上がるのを実感することで、自信がつき、いい気分になります。

付箋に今日するべき仕事を全部書き出し、終わったら1枚ずつ捨てていくという方法もあります。付箋を捨てる瞬間や、付箋が減っていくことに達成感があるでしょう。

スケジュールソフトなどのＴｏ Ｄｏリストを活用する方法もあります。

書き出すことは重要です。

書き出すことで、するべきことがわかりますし、達成度が目に見えるようになります。ぜひ、自分に合った方法を見つけ、日々、目盛りを上げていくようにしてみてくださいね。

数値化すると達成度がわかる！

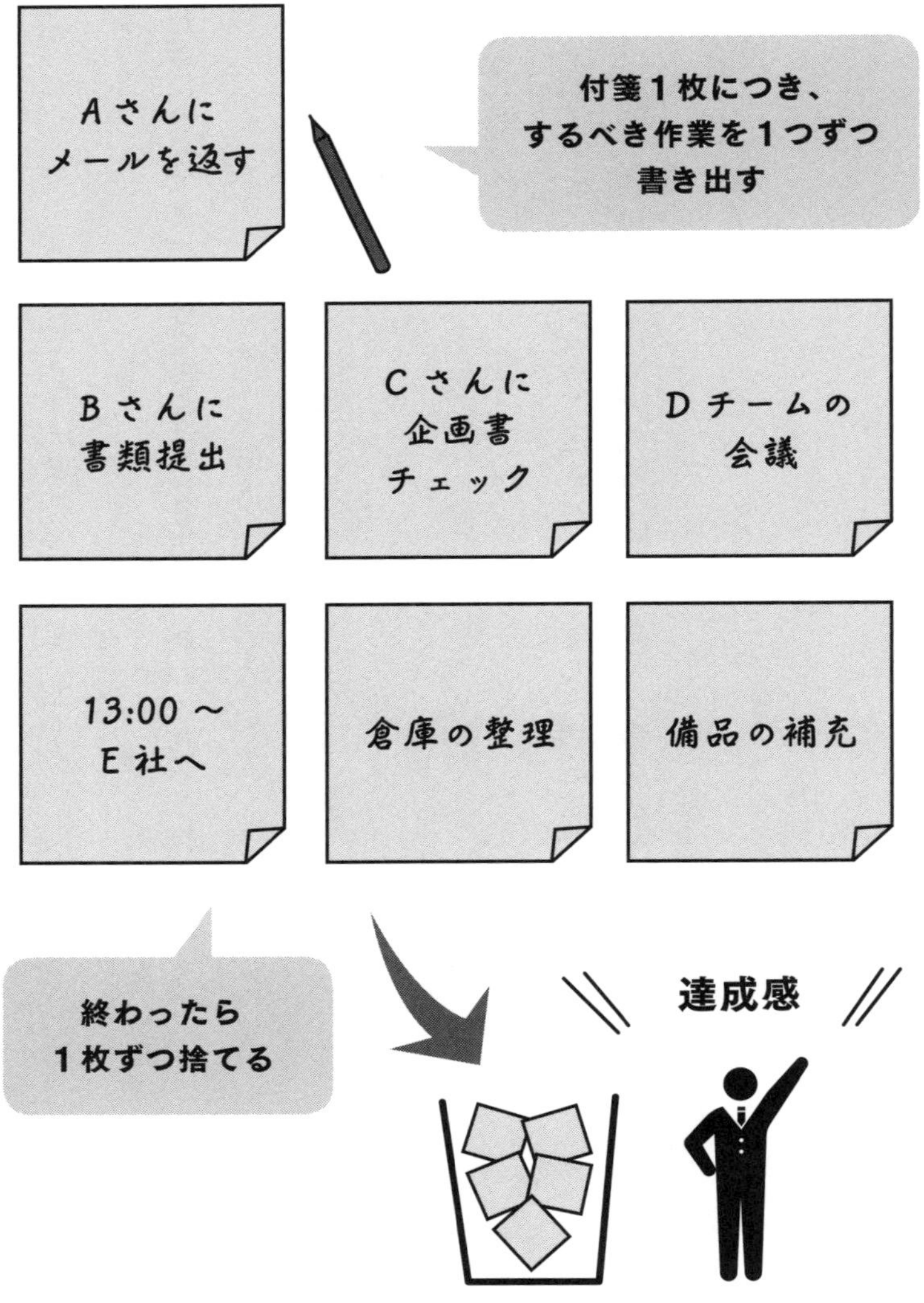

Chapter 4

仕事にも家事にも応用できる できる大人の時間術

始める時刻、終わる時刻にアラームをかける

「いざ始めたものの、やる気が続きません……」

という相談は、世代を問わず、本当によく受けます。

では、やる気を持続させるためには、どうすればいいでしょうか。

具体的な方法に、**「機械的に時間を決めて、即実行する」**というものがあります。

キーワードは「Ｊｕｓｔ ｄｏ ｉｔ！（ただ、やるだけ！）」です。

重要なことは、「○月○日○時○分から○分間やる」と決め、スケジュールに入れてしまうことです。自分自身とのアポイントメント（約束）を事前に入れてしまうのです。

たとえば「週末に時間をとろう」という大雑把な約束では多分行動しないでしょ

う。やりたくてたまらないことではない場合、「いつでもやれる」と思うと、つい先延ばしにしてしまいがちです。

そこで、かならず特定の日時でアポを入れるようにするのです。

時間はいつでもいいですし、何分間でもかまいません。**とにかく「何時から何時まで」とスケジュールに入れ、始める時刻と終わる時刻にタイマーをかけておきます。**アラームが鳴ってその時間がきたら、迷わずに、すぐ取りかかります。

ただ、緊急の用件（たとえば、社長の呼び出しや大口顧客からのクレームなど）が入った場合は、どちらの優先順位が高いか、冷静に選択します。

もし、自分へのアポを取りやめなくてはいけなくなったら、**かならずその場で再スケジューリングする**ことを忘れずに。今後の予定が立たなかったとしても、とりあえずスケジュールのどこかに入れておきましょう。

時間を区切るからこそ、やる気がわく

「一定の時間だけ取り組む」と決めておくことで、「苦痛」が取り払われ、「快」になることもあります。

掃除が苦手なQさんは、「日曜日の朝10時から30分間掃除をする」と決めています。常に「掃除しなければ」と意識すると疲れてしまうので、携帯電話のタイマーが鳴るまでは、掃除のことは忘れて過ごします。

アラームが鳴ったら、ほかの作業をやめ、掃除を開始します。

そのとき、始める前に掃除が終わる時刻をアラームにセットしておきます。そして、**30分間なら30分間、気持ちを集中して掃除をします。**

終わりのアラームが鳴ったとき、「もう少し掃除したかったのに……」と思うこともあるでしょう。こうなれば、**掃除をすること＝「快」と結びつき始めた証拠**です。

ときには、続けるべきか、次のことをするべきか、悩むこともあるはずです。

たとえば、インターネットで調べ物をするとき、15分間だけ調べようと思ってタイマーをかけても、その情報が見つけられないまま15分たってしまったということもあると思います。

そんなときは、「このまま続けた場合の未来」にタイムスリップしてみます。振り返ってみて、やめたほうがよかったか、15分プラスしたほうがよかったか、時間無制限で見つかるまで調べたほうがよかったかを想像してみるのです。

15分かける価値があると思えばやるし、意味がないと思えばやめます。

できる上司のタイマー活用術

時間を決めて取り組むということは、自分だけでなく、人との約束などの場合にも非常に有効です。

「時間を決めてやる」ことを習慣化していくと、**まわりの人にもそれが当たり前のこととして受け入れられる**ようになります。

部下との面談にタイマーを活用しているHさんは、以前は忙しくてなかなか時間が取れませんでした。ようやく面談できても、話が1～2時間にわたってしまうことも多く、部下との面談があまり好きではなかったと言います。

部下たちからは「仕事はできるけど、相談事やアドバイスが期待できない上司」と評されていました。

そんな状態を打破したかったHさんは、**部下との面談は毎日ひとり15分間**と決め、タイマーをセットして行うことにしました。

部下には「なんとかキミのために時間を割《さ》きたいんだ。15分だけどいい？」と、**はじめから時間を決めて確認をとります。**

面談の前には、「15分たったら戻らなければいけないからタイマーをセットするけど、それでもいいかな？」と最初に断りを入れておきます。

こうしているうちにHさんは部下から「短時間でも相談にのってくれる上司」と思ってもらえるようになりました。

部下の立場でいえば、時間をとってもらうまでに1カ月も2カ月もかかるのなら、毎週15分でも、自分のために時間をつくってくれるほうがいいのです。

このように、**始める時刻と終わる時刻にアラームをかけることは、さまざまなケースで使えます。**

短い時間でも、時間を決めて取り組むことは、思っている以上の効果を生むのでおすすめです。

休む時刻にもアラームをかける

つい仕事が多くなってくると「休む時間がもったいないなぁ」「あとでまとめて休めばいいや」と、思うことはありませんか？

でも、効果的に休む時間を入れることが、本来やるべきことへの集中力につながります。

休む時間も、機械的にとれば、とり忘れることがなくなります。

たとえば、現在12時23分で、13時から打ち合わせがあるとします。準備に15分かかるなら、12時45分に準備を開始すればいいので22分間は休めます。

そこでタイマーをセットし、12時45分まで仕事のことは一切考えずに休憩します。こうすると、結果的にしっかり休めることになり、オンとオフの切り替えができます。

もうひとつおすすめなのが、**就寝時刻にアラームをセットする**ことです。

朝起きる時刻はたいてい決まっていますが、夜も同様にタイマーで自分の時間を意識的に決めます。

自宅に帰宅後、ひと通りのことが終わってから自分で就寝時刻を決めて、アラームをセットしておきます。

「明日は休みだから少し遅め」「明日の午前中は家で作業するから少し遅れても大丈夫」と、寝る時刻を自分で調整しましょう。

反対に、大事なお客さまと午前中にアポが入っている場合は、早めの時刻にセットして、さっさと寝ればいいのです。

休む時間を機械的にとったら、ほかのことは何も気にせず、休むことに没頭します。これが、**短時間でもエネルギーを補給し、次のよいパフォーマンスにつなげる秘策**です。

何より先に、自分にアポをとっておく

本章のはじめでも触れましたが、自分へのアポイントメントを入れることで、自分の時間の重要度を上げるという方法があります。

仕事が忙しくて、つい自分の時間が確保できないという場合に有効です。

有能で仕事ができるＩさんは、約束を守り、仕事が増えてもどんどんこなしていました。しかし、仕事があまりにも多すぎて、自分のための時間がとれていません。結果、「新しいプロジェクトを立ち上げるためのアイデアを考える」という彼本来の仕事をする時間がなくなってしまったのです。

Ｉさんにとって、その時間は絶対に必要であり、本当にやりたいことでもあるそうです。ところが、Ｉさんはマネージャーという立場で、部下がＩさんとの打ち合わせのアポをどんどん入れてしまいます。

そこで、Iさんはほかの人とのアポを入れる前に、週のはじめの段階で、その週のどこかに3時間分、自分のためのスケジュールを入れることにしました。たとえば、火曜日の午後1時から90分間、金曜日の午前10時から90分間など、決めてしまいます。**その時間は自分で自由に考えるための時間**です。

ほかの人から打ち合わせの依頼があっても、断ります。相手がどうしてもその時間でなくては都合がつかないということであれば、もう一度スケジュールを確認して、ほかの日に時間をとれるか確認します。

たいていのビジネスパーソンは、**余った時間に何かやろうとしてもなかなかできません。**空いた時間にできるというのはまれで、忙しい人は、空いた時間すらないものです。そんなとき、前もって時間を確保しておけば、積み残しているやりたいことに取り組めるようになります。

シンプルだけど効果的！一瞬で気合いを入れるコツ

やらなければいけないことをするとき、シンプルですが意外と効果的なのが、**気合いを入れる**ことです。これからすることに積極的に向かう意識状態をつくるため、自分自身のスイッチをオンにします。

心の状態を一瞬でオンにする方法として、身体を動かすのはおすすめです。

大きく伸びをする。
声を出す。
手を叩く。
屈伸をする。
大きな声で笑ってみる……など。

人によって何がいいかは異なりますが、**少し身体を動かすだけで、スイッチが入**

ります。

入社して間もない新人のJさんは、新人研修のレポート作成をずっと先延ばしにしていました。志をもって入社したからには、レポートひとつでも真剣に取り組みたいと思っていたからです。どんなものにしようかと悩み続けて、一文字も書けないまま、明日が締め切りになってしまいました。

締め切り前日の夕方、机の前で頭を抱えても何も出てこないので、気分を変えようとJさんは立ち上がり、大きく伸びをします。そして、トイレに行って鏡を見ながら、「よし！」と3回、気合いを入れるためのかけ声をかけました。

そのあとで、パソコンの前に座り、研修の間に思ったことや考えたことを一気に打ち出しました。散々悩んでいたのに、1時間ほどで書き上げることができ、Jさん自身の考えや意見を盛り込んだレポートに仕上がりました。

ネガティブな気持ちのままでは、いつまでもやる気はわいてきません。

そんなときには、身体を動かすことで、ガラッと気分を変えていきましょう。

人それぞれしっくりくる方法は違います。**あなたにとって、どうしたら一瞬で気持ちが切り替わるのか**、いろいろ試してみるといいですね。

Chapter 5

もうめんどくさい……と思ったときは中だるみした気持ちをピンと張る秘訣

低いハードルが好循環を生む

「やりたいことを実現するには、高い目標を掲げてチャレンジすること」

よく耳にすることですが、じつは、これができるのは一握りの「優秀な人」だけです。もちろん、私もこの方法ではすぐに挫折してしまいます。

高い目標を掲げた結果、できない自分にダメ出しをして自信をなくす。そんな自分を受け入れることができず、どんどん自分を嫌いになる……。

この悪循環を防ぐには、どうすればいいのでしょうか。

まずは、**低いハードルを楽しく跳べるようになること**です。

私は左の図のようなサイクルをおすすめしています。最初は低いハードルだったのが、自然と高くなる……そんな好循環をつくるのです。

低いハードルが好循環を生む

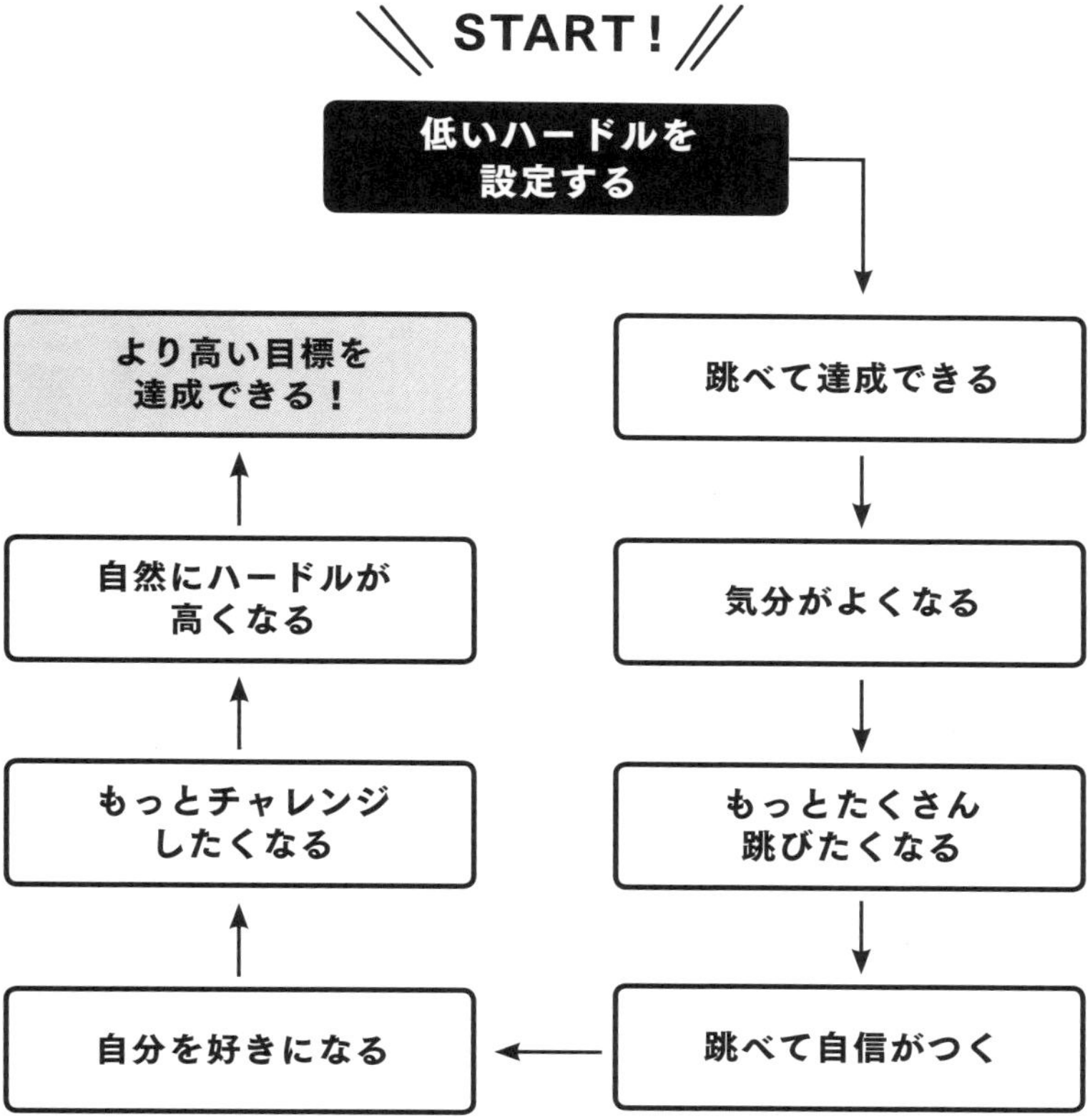

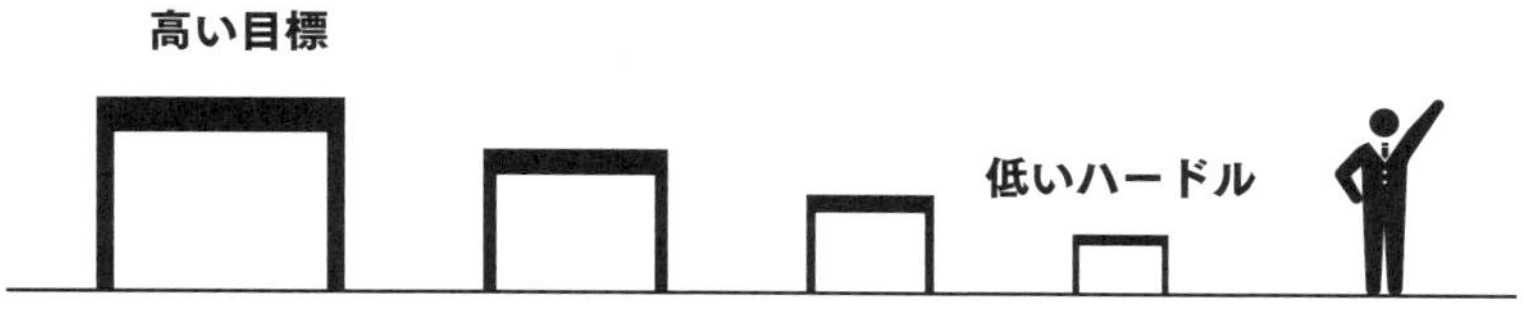

完璧主義より成果が出る、半端主義のススメ

完璧主義にしばられ、始めたいことが始められないという人がいます。

ここでいう完璧主義には2つあります。

1つは、「完璧にできないからやらない」というものです。

たとえば、「今日は英会話のテキストの1日分を十分こなせる時間がないから明日にする」「今日は疲れていてジムでのトレーニングが全部できないから、行かない」といったように、やりたいことが全部完璧にできないからやらないという完璧主義です。

もう1つは、「完璧に準備ができていないからやらない」というものです。

これは文章を書く人にありがちで、「原稿を書くぞ」と意気込んでいても、「取

材のテープ起こしが終わっていないから」「まだ資料を全部読み込んでいないから」「すべての内容を確認できていないから」……などと、書くための準備が完璧に終わっていないため、書き始めることができないというケースです。

完璧にやろう、完璧に準備をしてから始めようとして何カ月も手がつけられず、いつまでもやる気がわかずにいるのと、**中途半端な状態でも始めてしまって、数カ月後にはできるようになる**のと、どちらがより完璧に近づくでしょうか。

「完璧にできる状態になるまで待とう」と考えていると、永遠に始められません。

たとえ大きな効果がなくても、あとからやり直したとしても、できることから始めてみるほうが、結果的に完璧に近づくのです。

まずはスタート地点に立つ

「会社勤めをしながら、個人的に投資の勉強をしたい」というFさんは、毎晩帰りが遅く、「なかなか勉強が進まないんです……」と嘆いていました。本を読む時間もないし、ネットで調べるのも大変で、DVDなら学べると思って買ったにもかかわらず、見る時間をとることもできません。

そこで、「60分間画面の前に座って、きっちり見ないでください」とアドバイスしました。**「ちゃんと見よう」と思いながらも、それがいつまでもかなわず落ち込むという悪循環**を繰り返すくらいなら、**完璧に見ることをやめるほうがいい**からです。

そして、BGMのようにDVDを流しっぱなしにする。DVDを勝手に流したまま普通に生活をして、終わったら何度でも再スタートさせ、おもしろそうなところがあれば、立ちどまって見る。もちろん「じっくり見たい」と思えば座って見る。そんなことをすすめました。

結果、**完璧でなくても見るという習慣がつくようになり**、少しずつでも自然と内容が頭に入ってくるようになっていったのです。

慣れないことや苦手なことを勉強するというのは、たいてい「苦痛」がともなうものです。もしＤＶＤやＣＤがあるなら、それを常に流すようにしてテーマ自体に慣れていったり、「苦痛」だったものを、とくに好きでも嫌いでもない状態にもっていきます。

そうすれば、習慣化へのスタートラインに立つことになります。

慣れてくるとわかることも増えてくる分、次第に、それに取り組むこと自体を「楽しい」「心地いい」（快）と感じられるようになっていくのです。

とにかく一歩踏み出してみる

「完璧に準備ができないとやれない」と思い込んでいる人は、とにかくはじめの一歩を踏み出してみることです。はじめの一歩が、次の一歩につながります。

イベント企画会社に勤めるディレクターのGさんは、常に新しい企画を立てるために、日夜アイデアを考えています。

しかし、Gさんがもっとも苦手なのが企画書の作成です。アイデアは浮かぶものの、それを整理して書面に落とし込むのが苦手なのです。毎回とても時間がかかり、上司にも「早く出せ」と怒られています。

話を聞いてみると、Gさんは、書くのが遅いというより、準備に膨大な時間がかかっていて、なかなか書き出せないことがわかりました。

そこで、**資料がそろわなくても、とりあえず何か書いてみる**ことをすすめました。

そして言葉が苦手なら絵でも図でもいいから、準備ができていなくても浮かんだアイデアを手書きで紙に書き、その段階で上司にアドバイスをもらう。そしてＯＫが出てからブラッシュアップしてつくりこんでいく、というやり方に変えました。

こうすることでいままでの３分の１の時間でできるようになったそうです。

「完璧に準備ができないと書き出せない」というのは思い込みだったことがわかりました。

アイデアには鮮度も重要です。あまりに時間をかけすぎていたらおもしろいものも色褪《あ》せてしまうこともありますから、とにかく一歩踏み出してみましょう。

結果を求めない

結果や効果を期待しないことは、物事を続けるためにはとても重要です。はじめから高い結果や効果を期待してしまうと、すぐに「まだ変わらない……」とつらくなり、結局やらなくなってしまいます。**結果を求めないことが、やる気を持続させるコツ**です。

Pさんは毎日腹筋をしようと決めて、さっそく始めました。

1日目、2日目、3日目……と、朝起きて80回の腹筋を行いましたが、4日目あたりから「イヤだなぁ……」と思うようになり、5日目は完全にイヤイヤ行い、とうとう6日目には、朝早くから仕事があることをいいわけに、腹筋をやめてしまいました。結局1週間も続かなかったのです。

やる気満々だったにもかかわらず、やりたくなくなってしまった理由を掘り下げてみると、「かならず80回やらなくてはいけない」ということに負担を感じていたことがわかりました。

それならいっそ回数を減らしてみようと決め、「1日10回でもいいから腹筋をしよう」と、10回を毎日続けているうちに、結果的に毎日腹筋が続くようになり、日によって100回こなせるほどになりました。

効果や結果にとらわれずに、まず10回から始めてみて、腹筋すること自体に抵抗をなくすこと。これが勝因でした。

抵抗がなくなれば、それが習慣になり、回数も増えていきます。

やる気が薄れてしまう理由は、することに抵抗があるからです。

効果や結果を目指す前に、まずその抵抗を外しましょう。

心理的な負担を減らし、いい気分が続くことが習慣化のコツです。

ハードルは低すぎるくらいでいい

「ちゃんとやろう」と思って意気込んでも中だるみしがち。その代表が、掃除です。たとえば、掃除が苦手な人に「朝10時から夕方まで丸一日掃除をしましょう」と言っても、イヤになるだけ。そんなときは、**なるべく短い時間で設定し「このくらいだったらできるだろう」とハードルを低くしてから取りかかります。**

そして、何も考えず、スタート時刻になれば機械的に始めます。

このとき、決して「全部を終わらせよう」と意気込まないこと。「こんなの簡単！」という程度の行動から始めます。

また、**設定した時間内に、どこまでするのか、範囲や量を決めておく**のもポイントです。「どこを掃除するか迷っているうちに時間がたってしまう」という人は、効果があるかどうかは考えずに、自分にとって簡単に取り組めそうな場所からやります。やりやすいところをハードルが低い方法で始めてみましょう。

Chapter 6

いざリストアップ そもそも、あなたのやる気はだれのもの？

コレを書くだけで、自分の本心が見えてくる

ここまで、やる気の出し方、やる気を維持する方法、中だるみしたときの対処法など……、さまざまなことに触れてきました。

ここで、大切なことを確認しておきたいのですが、**あなたが取り組もうとしていることは、そもそも本当にやりたいことなのでしょうか?**

本当はしなくてもいいことなのに「やらなければ……」と思い込んでいることがあります。そこを見直しておきたいのです。

「やるぞと思いつつも取り組めずにいるなぁ」と思っていることを「先延ばしリスト」と題して、一度すべて書き出してみましょう。

ポイントは、**とにかく根こそぎ、大量に出しきる**ことです。

どんな行動が始められていないか。

どんな行動がやめられないか。

悩んだり迷ったりしても、少しでも頭に浮かんだなら全部書き出しましょう。


書き出しは、**付箋1枚にひとつずつ**にしましょう。

付箋なら、行動をひとつずつ小分けにできるので、数を把握しやすく、追加や削除も簡単にできます。もちろん1枚の紙に箇条書きにしてもかまいません。

思いつかないという場合は、カテゴリーごとに考えていく方法がおすすめです。たとえば、「仕事」「趣味」「勉強」「家事」「家族」「友人」「買い物」「健康」「手続き関係」など、状況ごとに分けてみます。


次頁に、いくつか先延ばしの例をあげておきます。この中から見つかれば、それもあなたの「先延ばしリスト」に追加しておきましょう。

カテゴリー別に考えても OK

■ 仕事
- □
- □
- □

■ 家族
- □
- □
- □

■ 趣味
- □
- □
- □

■ 友人
- □
- □
- □

■ 勉強
- □
- □
- □

■ 買い物
- □
- □
- □

■ 家事
- □
- □
- □

■ 健康
- □
- □
- □

よくある先延ばしの例

- □ 英会話
- □ 習い事
- □ 禁酒
- □ 禁煙
- □ ダイエット
- □ 片づけ
- □ 整理整頓
- □ ブログ
- □ 日記
- □ 運動
- □ 投資の勉強
- □ 家計簿
- □ 転職
- □ 資格取得
- □ 留学
- □ 起業
- □ 異業種交流会への参加
- □ クリーニング
- □ アイロンがけ
- □ 営業の電話
- □ 会議の資料づくり
- □ 上司への報告書の作成
- □ 靴磨き
- □ パソコンの設定
- □ 引越し後の段ボール箱の整理
- □ 住所変更などの手続き
- □ 親への電話
- □ 家電の修理
- □ 新しいスーツの購入
- □ 美容院、散髪

誰も気がつかなかった「やる気」の正体

前項では、始められていないこと、やめることができていないことを書き出しました。

書き出したあと、すぐに行動を起こしてはいけません。

「先延ばしリスト」のうち、**本当に取り組むべきことだけを選び出してください。**

あなただけの「やる気リスト」をつくっておくのです。

リストアップした項目を見直して、自分にとって本当にやる必要があるのか？

それとも、やらなければならないと思い込んでいるだけなのか？

つまり、**「そもそも取り組む必要があるのかどうか」**をとことんはっきりさせます。

あなたにとって必要なことかどうかを根本から問い直してみてください。

本物のやる気とは、「私にとって本当に必要！　やりたい！」と理屈ではなく腹の底から感じられたとき、初めてわいてくるものだからです。

本当はやらなくてもいいのに「やらなきゃダメなのにできていない……」と思い込み続けていると、「あれもこれも……」と忙しい思いをするだけで気分が下がり、本当にやりたいことの妨げになってしまいます。

大切なこと、必要なことを見極めるためにも、ぜひ本当に取り組むべきことだけを選び出してみましょう。

「その気」にさせられていた自分を解放しよう

リストアップされた項目を確認するとき「世間で言われているから（やる）」「みんながやっているから（やる）」という理由に行き着くことがあります。

これは**人の意見に影響されているだけ**で、あなたにとって必要なことではないかもしれません。

「上司だから（やらなければ）」「社員だから（やらなければ）」「親だから（やらなければ）」というものも、**「〇〇だからやるのがあたりまえ」という思い込み**からきています。

もちろん、役職上やらなくてはいけないこともあります。

その場合は、「先延ばしにしているからやらなくては」ではなく「役職上、必要だからやる」と意識しましょう。

また、「人から要求されたから」「まわりから期待されているから」「やらないとダメな人と思われる（いい人と思われない）から」といった理由で「やらなければ……」と思い込んでいる場合もあります。

たとえば、会議の資料づくりを先延ばしにしている場合、「前回も担当したから」「会議に資料はあったほうがいいから」などと思っているだけなら、あなたが作成する必要はないかもしれません。そもそもの目的を考えたり、ほかの人に頼むことも検討してみましょう。

リストを見直して、もう一度、**本当にあなたにとって必要なことなのか**を確認してみましょう。

「ダメな自分」はただの思い込みだった

本当に取り組むべきことなのかを取捨選択する際に、**「それをすることが自分にとってどんな意味があるのか」を考える**ことはとても重要です。

たとえば、「片づけができない」と悩んでいる人は多いでしょう。

しかし、それは単なる思い込みかもしれません。

「自宅の部屋が散らかっているため、どうにかして片づけたい」と思っているKさん。「片づけよう、片づけよう」と思いながら、やる気がわかずにいると言います。

「散らかっていると何か困ることはあるのですか?」と確認したところ、「私は散らかっているくらいのほうが効率がいいのですが、妻に怒られてしまうんです」とのこと。

「机は整理整頓しなければいけない」「部屋は片づいていなければいけない」と、**まわりの意見に影響されている人は少なくありません。**

じつは、Ｋさんの問題は「部屋を片づけられないこと」ではなく、「自分が部屋を片づけないことに納得していない妻との関係」でした。

ですから、**見出すべき解決策**は「どうしたら片づけることができるか」ではなく、**「どうやったら妻と自分が互いに納得できる環境をつくれるか」**です。

そうすると、「家族の共有スペースは片づけるが、自分の机まわりだけは好きにさせてもらう」「机まわりのゴミやほこりだけは自分で掃除をする分、部屋の掃除は妻にお願いする」など、お互いの望みを同時に満たす方法を話し合って解決策を見つけることが重要になります。

たしかに机や部屋はキレイなほうがいいのですが、自分にとって、かならずしもキレイでなくてもかまわないのであれば、そんな自分にもＯＫを出してあげてください。

家族、上司、同僚と折り合いをつけるには

世間一般の常識は大切にすべきことですが、本当に大切なのは、自分に合う方法で結果が出せることです。「みんなが言っているから」「常識で考えたら」ということにとらわれすぎず、**ありのままの自分、自分のスタイルを受け入れる勇気**を持ちましょう。

営業担当としてバリバリ働いているAさんは、「会社の書類は1週間前に提出しようと思っているのに、いつも前日に徹夜になってしまう。なんとかしたい」と悩んでいました。

しかし、話をよく聞いてみると、徹夜で取り組んで締切に間に合わなかったことはなく、むしろギリギリのほうがスムーズに書けると認識しています。

ただ、上司や同僚たちから「締切直前に取りかかるのは、社会人として恥ずかしい」「余裕を持って終わらせたほうがいい」と言われ、「自分はダメな人間だ」「1週間前に終わらせなければならない」という思い込みがあることがわかりました。

直前に取り組んだほうが、気持ちが乗ってできるようであれば、そのことをまずは認め、受け入れてみてください。

「締切直前に取り組むのは悪いこと」という思い込みを捨て、常識にとらわれずに、いったん自分のスタイルとして認めます。

もし上司から「会社で徹夜するなんて！」と叱られ、あなたのやり方を認めてもらえないとしたら、問題は「あなたと上司（会社）との関係」になります。

この場合の解決策は「コミュニケーションを通して、あなたと上司（会社）の望みを同時に満たす方法を探す」ということになってきます。

このように、**習慣化に取り組むより、関わる人たちとのコミュニケーションこそが必要**な場合も、よくあることです。人からの意見に振りまわされて「やらなければ……」と思い込んでいないか、ぜひ振り返ってみてください。

あなたにとって本当に必要？　じつは不要？　その見分け方

やる気がわいてこない理由のひとつに、**「何のために、具体的に何をすればいいのかわからなくて動き出せない」**というものがあります。

たとえば、先延ばしリストの中に「語学を学ぶ」「運動する」「転職する」「習い事を始める」「会社外の人と交流する」……など、漠然としすぎている項目はありませんか？

そういう項目があったら、**何のためにするのか**（目的）や、**どのようにするのか**（方法）、**どのくらいするのか**（レベルや量）を明確に、具体的にしていきましょう。

語学なら、「ビジネスのためなのか」「旅行のためなのか」、目的を明確に。また、「専門分野に特化するのか」「日常会話レベルでよいのか」、勉強の範囲も明確にします。

そして、実際に会話をしている具体的な場面を思い浮かべてみます。ビジネスであれば、海外出張で現地のスタッフとミーティングをしている場面。プライベートの旅行なら、ショッピングのときに値段を聞いている場面……など。

日常会話レベルでよいなら、難しい専門用語や表現をマスターする必要はありません。このように、具体的な場面が浮かべば、おのずと量もはっきりしてきます。

もし具体的な場面が思い浮かばないなら、もしかしたらあなたにとってそれほど必要性が高くないのかもしれません。「やりたい」「やらなければ」と考えているだけで、実際にそれを活かす場面がなければ、いまの段階ではリストから削除しても問題ありません。

本当のやる気とは、みるみるわき出るものである

Cさんは現在会社勤めをしていますが、社会保険労務士として独立したいと思っています。3年後の4月までには独立すると決めていて、まわりにも公言しているものの、なかなか準備に取りかかれていません。

Cさんになぜ独立したいのかを尋ねると、「いまの会社での業務におもしろみが感じられず、このままずっと定年まで働く気になれない」とのこと。

そこで、「もし、いまの会社でもっとおもしろいと思える部署に異動できたらどうですか？」と聞くと、「会社勤めではなく、自分の力でどれだけできるか試してみたいという思いがあります」とCさんは言いました。

「自分の経験が活かせる勉強をしたいと思って始めた、社会保険労務士の仕事。成

果が出せるようになって自信がつき、より多くの企業の力になりたいと思うようになった。だから、やっぱり独立したい！」と**自分自身の目的と理由を明確に意識したCさんは、さっそく翌日から動き始めました。**

このように、目的と理由が明確になれば、やる気がみなぎって行動に移せるようになります。

私にもこんなエピソードがあります。

あるとき運動をするためにジムに通おうと決めました。しかし、いざジムに行こうと思うと、どうしても行く気になれず、行動に移せません。

そこで、ジムに行く目的を整理してみました。

そもそも自分は何のためにジムに行こうとしているのか。

ジムで何をやりたいのか。

そこで気づいたのは、筋力をつけたり、効果的な運動をするためではなく、身体のバランスを整え、体型をよくするのが目的であるということです。

もともと、私は体調がよくないときでもそれ相応の準備をして、自分の心と身体の状態を保っています。

体調管理のためには、ジムよりも整体に通うほうが自分には合っています。一方、理想の体型に近づくためには、食事だけでなく運動が必要なことに気づき、ジム通いは外せないという結論に至りました。

さっそく、その日からジム探しを始め、ほどなくしてパーソナルトレーニングをスタートすることとなりました。

このように、**「自分にとって、このために〇〇（行動）が必要だ」と目的を自覚することで、行動に移すことができるようになる**のです。

Chapter 7

なりたい自分を手に入れる「一点集中」の法則

先延ばしリストに優先順位をつけよう

6章で書き出した「先延ばしリスト」。

できていないことの数が多いと、リストを見ているだけでうんざりしてくるのではないでしょうか。

「そもそも、本当にやりたいことかどうか」を見直せば、ある程度は数が絞れますが、それでも**項目数が多いときには、優先順位をつけましょう。**

やりたいこと、やらなくてはならないことがたくさんあるなかでも、優先順位の高い、低いがあるはずです。

そのとき、**優先順位が高いものに手をつけられていないうちは低いものには手をつけない**、というルールを自分に課します。

「やる気リスト」にあげたことは全部できたほうがいいと思いますが、時間は有限です。**できることはおのずと限られてきてしまいます。**だからこそ、優先順位が重要なのです。

やっていくうちに、優先順位は入れ替わることがあります。

まずは自分自身に**「何が大事？」「どうなりたい？」**と問いかけて、優先順位を意識しましょう。

いま、優先すべきことは何かを自分で自覚できているかどうかは、とても大切なことです。

「いま何が一番大切か」いつも自分に問い直す

「ダイエットがしたい」が口ぐせのLさんは、「おしゃれな服が着られないから本当に痩せたい」と断言しています。

趣味でフラメンコを習っていて、相当の運動もしているので、これ以上運動量を増やすのは現実的ではありません。

でも、食べる量を腹八分目にすればかならず痩せることがわかりました。

それにもかかわらず「フラメンコを一緒にやっている友人と、激しく踊ったあとにおいしいものを食べるのが一番の楽しみで、私はそのために生きているようなものだから」と食べる量を抑えようとはしませんでした。

つまり、Lさんにとって、**「食事を減らして痩せること」**よりも、**「おいしいものを食べて友人と楽しい時間を過ごすこと」のほうが優先順位が高かった**のです。

Lさんの優先順位の1位は友人、2位がおいしいもの、3位がダイエットです。

そこで、一番大切な友人と一緒に、２番目に大切なおいしいものを気持ちよく食べることにしました。

数カ月後、彼女はとてもイキイキとしていました。

痩せたわけではありませんでしたが、太ったわけでもなく、とてもしあわせそうです。

ダイエットのことばかり気にして食べていたときは、おいしいものを食べても満足度が半減していましたが、**そのストレスがなくなって、食事を心から楽しめるようになった**のです。

Ｌさんはダイエットをして素敵な恋人をつくることも考えましたが、いまは恋人をつくるよりも、友人たちと楽しい時間を過ごすほうが大切なようです。

そのうち、もし気持ちが変われば優先順位を入れ替え、ダイエットの優先順位を上げればいいのです。

このように、**自分にとっていま何が一番大切なのか、折に触れて優先順位をつけるクセをつける**ことをおすすめします。

優先順位づけを習慣化することで、ストレスが軽減され、満足のいく毎日を過ごせるようになりますよ。

優先順位がつけば、集中力がぐんとアップ

優先順位をきちんとつけることができれば、**いま注力すべきことがはっきりするので、結果的に集中力も高まります。**

20代で独立したMさんは、これからどんどんビジネスを広げ、会社をさらに飛躍させていきたいと思っています。そのため仕事の予定が詰まっていて、忙しくて時間はありません。でも、プライベートでは彼女もほしいと思っていました。

ただ、彼女をつくるためにパーティや合コンに参加するとしたら、時間もとられますし、気持ちもそれてしまいます。

そこで、**自分にとってこの2年は、「彼女をつくること」よりも「仕事をがんばること」の優先順位を上げると決めました。**

もちろん、彼女をつくらないというわけではありません。そんな機会があればうれしいですし、魅力的な人にめぐり合えたら、あえてお断りすることもありません。ただ、彼女をつくるためにパーティや合コンに出かけることをしないだけです。

いまは仕事に集中し、女性の友人と食事に行ったりすることで十分満足しているので、なんとかして彼女をつくる努力をする時間やエネルギーは費やさないということです。

2年間という期限つきで優先順位を決めているため、その時々の気持ちを確認しながら、自分にとって、しっくりくる優先順位をその都度入れ替えていこうと思っているそうです。

仕事上で大きな目標がある場合、それだけで手いっぱいになることもありますから、あれにもこれにも手を出すことはできなくなることが多いはずです。

そんなときには、Mさんのように、**力を入れるもの、適度に力を抜くものを明確に**したほうがいいですね。

ときにはバッサリ切り捨てることも大事です

やる気がわかなかったことでも、「快」と結びつけることでたくさんできるようになっていきます。でも、どんどんやることが増えてくると、次第に心と身体が疲れきってパンクしてしまうことも……。

そこでおすすめしたいのは、**優先順位の低いものは思い切ってバッサリ切り落としてしまう**ことです。

6章で書き出した先延ばしリストをここで再度眺めてみましょう。「やっぱりこれは必要ない」というものがあったら、まずカットしてかまいません。

あらためて見てみると、優先順位は高めだけれど、やると決めてから3カ月以上、半年、1年何もしていないというものが見えてきます。こういった項目は、リストからいったん外します。

なぜなら、ただやりたいと言い続けているだけで、行動するべきなのは「いま」ではないからです。

「80対20の法則」というものがあります。これは、**成果の80％は、全体の20％の行動であげられている**というものです。時間があれば100％全部をこなせばいいのですが、効率のいい20％の行動を実行することで、8割の成果があがります。

「せっかくやるなら全部をやらないと」と思いがちですが、なかには**重要ないくつかを行っただけで十分な成果が得られることも**あります。すべてをこなして心も身体もクタクタになるより、ずっといいのではないでしょうか。

やると決断することも大事ですが、思い切って「やらない」と決めることも重要なことなのです。

切り捨てれば、おのずとレベルが上がる

先延ばしリストのうち、**「重要なことでもあるし、やりたいと思っているけれど、いまではないかな」**というものはありませんか？　**そういうものは、どんどん消してしまいましょう。**

「これは取り組もう！」と決意したことにフォーカスして、結果を出し、効率よく進められるようになると、おのずと自分の能力がアップします。すると、結果的には、**一度切り捨てたはずのものもいずれできるようになっています。**

たとえば、私は海外でゆったりとリゾート休暇を取りたいと思っていますが、リストから外す時期があります。その時の自分にとって、それよりも大切なものがあるからです。

それなのに、海外での休暇をリストに入れてしまうと、「休暇をとらなければ……」「休暇がとれていない……」と気になってしまい、リストの項目が増えてしまうことになります。


切り捨てるときは思い切ってバサッと切る。

これが捨てるときの鉄則です。

「これは残しておきたい」「あれも……」となると、すべてが中途半端になってしまい、どれも実行できない気持ち悪さばかり残ってしまいます。


すべてをこなして身体も心もしんどい思いをする前に、**「いまはこれに集中して取り組む！」**という、たったひとつを際立たせます。

そして**「この成果が出るまで別のことはやらない」**と決めてしまいましょう。

自分にとって本当に必要なことなら、一度断ち切ったとしても、かならず優先順位が1位になるときがきます。そのときこそがスタートです。

だからこそ、切る勇気が必要なのです。

やりたいことに集中するときは、通知オフモードで

やらないと決めた項目については、リストから完全に外してしまいましょう。**心の中で「とりあえず保留にしておこう！」と思うのもやめましょう。**完全にカットすることで、「やらなくては」と考えている時間がなくなり、やりたいことをする時間が増えていきます。

あなたは、携帯電話のバイブレーションがポケットで震えている状態を完全に無視して、別の作業に集中できるでしょうか？　たとえ重要な電話ではないとしても、3分おきに震えているとしたら、誰でも気になってしまいますね。

気になっている状態のまま、いまの作業へ集中できるでしょうか？

リストから捨てきれていないものがあるということは、これと同じです。集中していると思っていても、実際は100％集中できてはいません。

「優先順位が低いから、とりあえず置いておこう」「できるようになったらやろう」と思うものの、リストに残っているから気になってしまい、やりたい行動が中途半端になってしまうのです。

いったん、バッサリと切り捨ててしまいましょう。

携帯電話でいうならば、マナーモードではなく、通知オフモードにするのです。本当に必要なことならば、あとでまた出てくるはずです。

もし二度と出てこないものであれば、もともと必要がないもの、重要ではなかったということだと割りきりましょう。

「新しい恋人がほしい」と言いながら、以前の恋人の写真やプレゼントをずっと持ち続けていたら、新しい相手は見つかりません。いつまでたっても過去に気持ちが引っ張られてしまうからです。

そんなときには一度、写真もプレゼントも全部捨ててしまいましょう。そうすることで、きっと新しい素敵な相手が現れるはずです。

虫眼鏡で太陽の光を集めて紙を焼いたことはありませんか？

火を起こすコツは、バッサリまわりを切り捨てて一点にフォーカスすること。光を一点に集中させることで、一瞬にして火が燃え上がります。

大切なこと、肝心なこと、本当に重要なことに自分の意識とエネルギーを向けるため、いま一度、リストを見て、「いまはいったん切ろう」と決めたものは思い切って削除します。**数を減らし、一点に集中することで、ぜひやりたい行動に全力で取り組んでみてください。**

自分のエネルギーと時間は有限

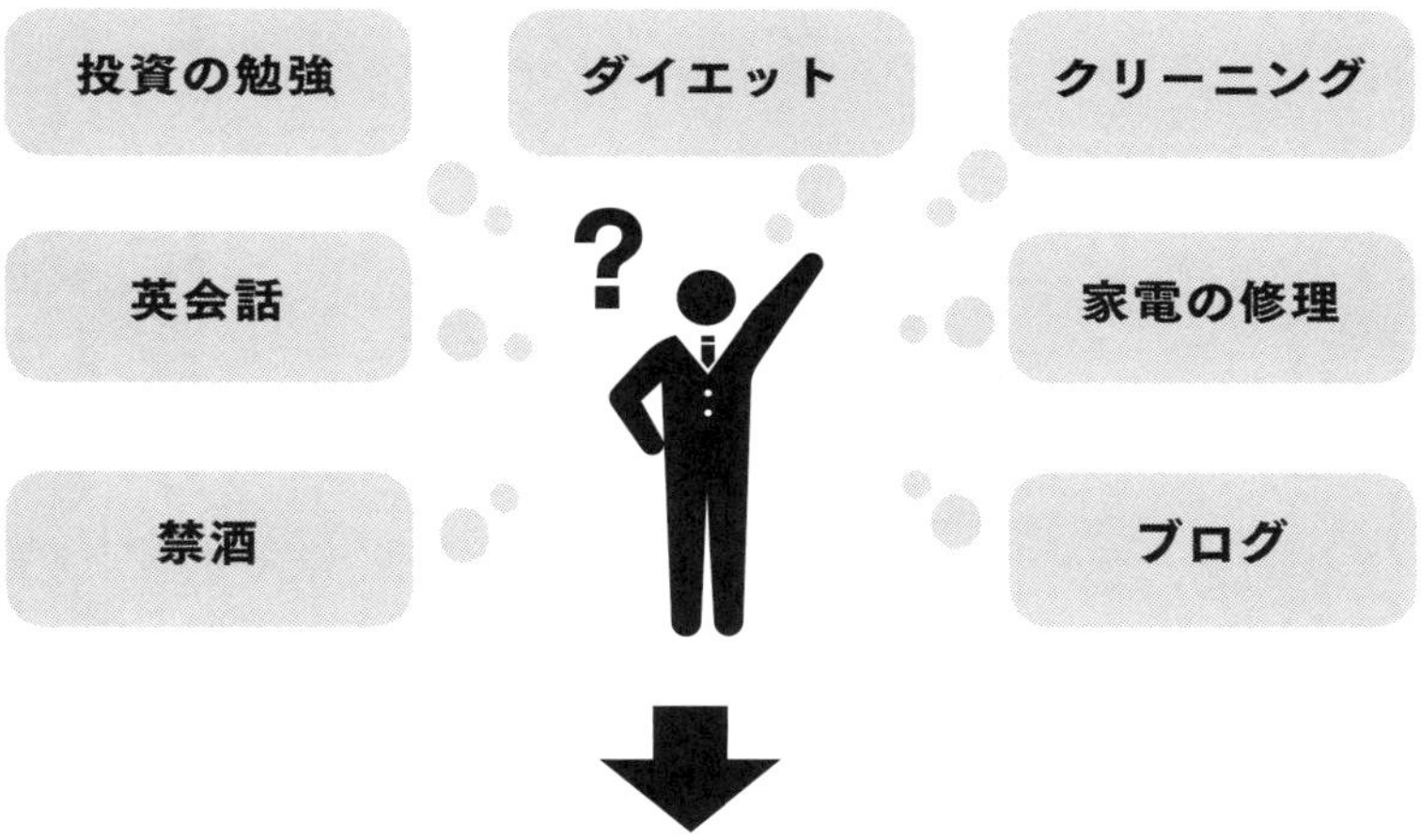

1点集中でパフォーマンス向上

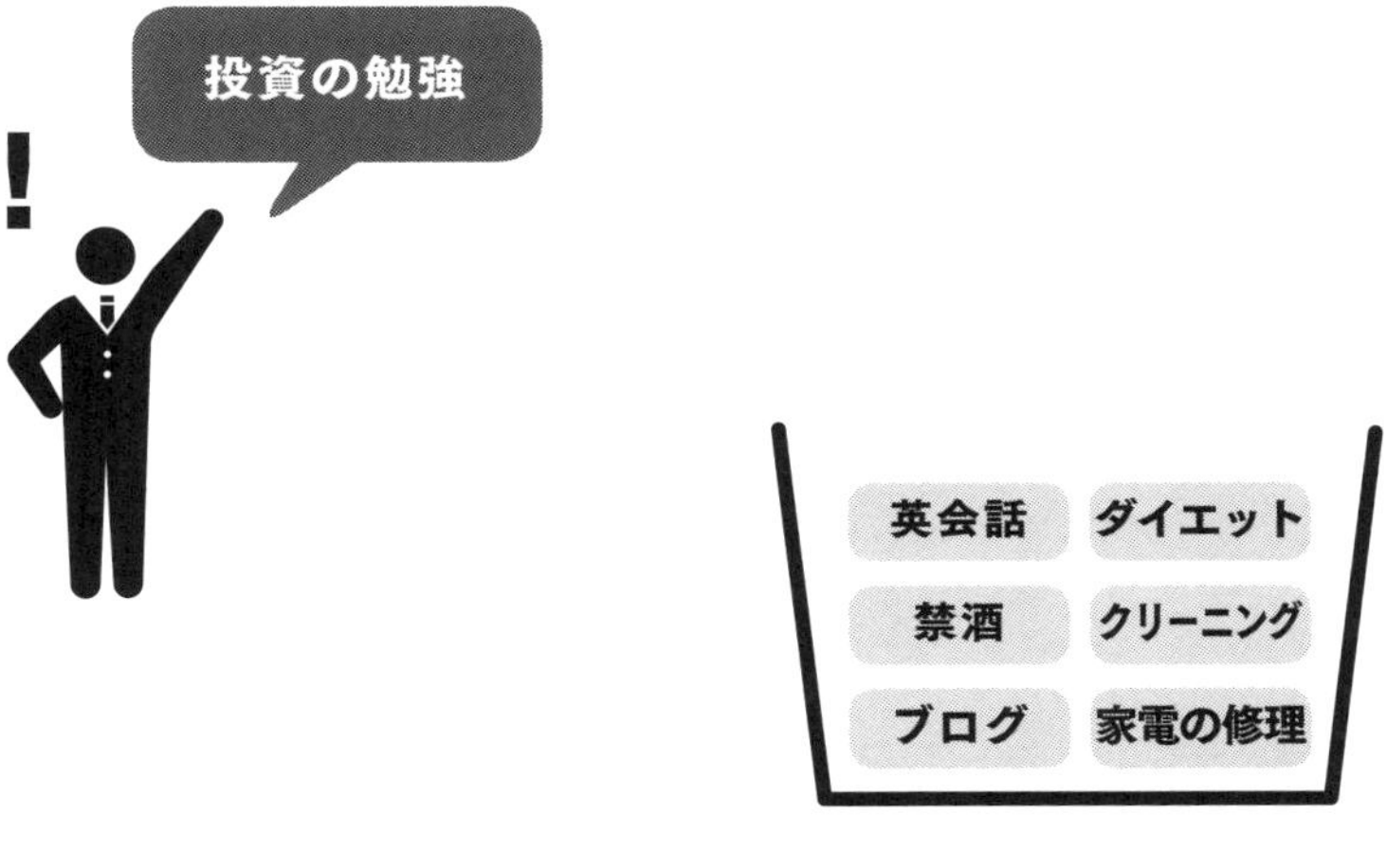

ものによっては人にまかせてしまう

ここまできたら、リストがかなり厳選されてきたと思います。

その中に、自分でしなくてもいいものや人に頼めるものはないでしょうか？

「時間対価値」という考え方があります。これは、**不得手な分野や量的にこなせないことは、効率も生産性も上げるためにほかの人にまかせてしまい、自分は自分にしかできない生産性の高い仕事に集中する**というものです。

もし同僚に、あなたが半日かけてやっていることを3時間でこなせる人がいるのなら、その人に仕事をまかせ、自分の得意な分野の仕事をその人の分までやってあげる。するとお互いにとって効率がよく、得意なことに集中できます。仕事がはかどり、自信も増すことになるのです。

ただし、ここでの例外は、**自分が好きなことは自分でやる**ということです。

まかせたほうが効率が上がるものでも、好きなものをほかの人に頼むのはもったいないことです。自分が好きでやっているという充実感は、お金に換算できないことだからです。

この「時間対価値」思考には、セルフイメージが大きくかかわります。

たとえば、「自分にはまだ実力がないから○○はできない」「自分の価値はせいぜい日給15000円だ」などと思い込んだり、自分に対する価値が低いと、「こんなことを自分でやらずに人に頼むなんて、自分はまだやりたい仕事にふさわしくないのでは……」と思い込んでしまいます。

この思い込みから抜け出し、**自分を信じて「自分はできる!」「自分にはもっと大きな価値がある!」とセルフイメージを上げていく**ことを心がけたいですね。

パフォーマンスを上げるお金の使いどころ

ときには長い目・広い目でみて、**金銭的な投資をしてみる**こともおすすめです。

会社経営をしている女性のＢさんは社長であり、奥さんであり、お母さんでもあります。とても努力して時間をやりくりし、家事もこなしていましたが、洗濯物がたまっている、アイロンがけが終わっていない……など家事が先延ばしになることに悩んでいました。

無理がきかなくなったことに気づいたＢさんは、月３～４万円支払い、家事代行サービスを頼むことに決めました。すると、家事に使っていた時間を会社の仕事や、いままで手がまわらなかったことに使えるようになり、やりたい（やらなきゃいけない）のにできない、という悩みからも解放されたのです。

その後、２～３カ月のうちに会社の売上げが上がり、さらにＢさんは、会社に近い都心に引越しをすることになりました。

高い家賃を支払ったとしても、会社の近くに住むほうが、通勤時間が短くなり、身体の疲れも減少し、仕事の能率が上がるということがわかったからです。

家賃自体は10万円程度上がりましたが、その分生産性も上がり、結果的にはそれ以上の収益を上げられたと言います。

たいていの人は、「自分でもできる家事に4万円も払うなんて……」「会社に近くても家賃が10万円も高くなるなんて……」と考えてしまいがちです。

もちろん、費用が回収できるまでに時間がかかる場合もあるでしょう。でも、目の前のことだけにとらわれず、長期的な視点で物事を考えてみることが重要です。「すべて自分でやらなくては」と肩肘張ってがんばっていても、じつは効率が落ちているとしたら残念なことです。

大きな金額の投資とまではいかなくても、人にまかせること、新しく便利なものを買うことなどで優先事項に注力できるなら、思い切って決断してみるのも手です。

結果的には、**よほど効率的で効果的なものをもたらす**かもしれないのですから。

あなたを高みへと導く「ゼロベース思考」

日本人の美徳のひとつに、「始めたことは最後までやるべき」という考え方があります。

「本は最後まで読まなくてはいけない」「いったん取りかかったことはどうにかして最後までやりきらなくてはいけない」「途中でやめるのはもったいない」「中途半端で投げ出すのは無責任」と考える人もいるでしょう。

でも、最後まで続けることで、結果的に役に立たないものに労力や時間を注ぐことになり、本当に重要なものへのエネルギーが奪われてしまう場合もあるのです。

「ゼロベース思考」とは、**「もし、いままだ何も始めていないとしたら……それでもこれをやりたいか？」**という発想をすることです。

過去に費やしてきた労力や費用がなく、いまゼロから始めるとしても、トータルで考えてそれをする価値・意味があるのかをその都度考えます。

たとえばレストランで500円のランチを頼むとします。量が多くて、まだお皿に3分の1くらい残っています。ここでもったいないからと思って無理やり食べて気持ち悪くなるのと、残してしまうけれど「おいしかった」といい気分で帰るのと、どちらがいいでしょうか？　トータルで考えると、答えが見えてきます。

ただし、例外はあります。 途中まで読んだ本があって、その先を読み進めるか迷った。でも、読書が苦手で挫折してばかりだったから、最後まで読み終えることで自信につなげたいと思っている。

この場合、本の中身の問題ではなく、**やり遂げること自体が目的**になります。そんなときには、ぜひ最後までやり抜く成功体験をつくってください。

そういうケースでなければ、途中であっても再決断します。 やめる、逃げるではなく、「もし、いままだ何も始めていないとしたら……、それでもこれをやりたいか？」を問い直して、本当に必要な別のものを選び直すという決断をしましょう。

「もったいない」といって時間を費やしているほうが、本当はずっともったいないことです。

このようにゼロベース思考で考えると、想定外（もしくは想定以上）のメリットをもたらします。続ける意味がないなら、**思い切ってやめるという決断をするほうが、ずっとメリットがある**からです。

Nさんは3カ月のビジネス英会話スクールに12万円を支払って受講しています。1カ月ほど通って「自分には合わない」と思ったそうですが、「行きたくないけど行かなくては……」と、ズルズルと休んだり通ったりを繰り返していました。

まわりに相談すれば、多くの人から「12万円も払ったんだったら、最後までやったほうがいい」と言われ、「苦痛」なうえに学びのないスクールに通い続けました。

そこで、「もし12万円の授業料を払っていなかったとしたら、それでもこのスクールに通い続けるのか。いまがゼロ地点だとして、ここから新たに始めたいか」という視点に立ってみます。

あなたならどうするか考えてみてください。

これから2カ月間という時間を、スクール通いに費やすほうがいいか？

あるいは、別のスクールにプラス8万円（＝2カ月分の授業料）を支払って、もっと有意義な時間を過ごすほうがいいか？

じつは後者の場合、「8万円も余分に費用がかかった」と思うことで、通常より大きなものを得られる可能性があります。自分でもう一度考えて決断したのだ、という自覚が高まることで、より真剣に取り組むことになるからです。

ゼロベース思考とは、決してリセットすることでも、あきらめることでもないのです。

やるべきことには「時機」がある

何事にもタイミングというものがあります。

本当に必要なときに必要なことが訪れるものです。ずっと思い続けているのになかなか行動に移せないものがあるなら、それは時機がきていないということなのかもしれません。**そのときを待つというのもひとつの手**です。

スペイン語を学びたいと言い続けているアメリカ人のVさんがいました。

どのくらい前からスペイン語を勉強したいと思っているのか尋ねると、「1年半くらい前から思っている」とのこと。

実際に何かやってみたのか確認すると、「したい、したいと思いながら、まったく行動を起こしていない」と言います。

そこで、**1年半も思い続けていながら行動を起こせていないのなら、いっそのこ**

と完全に忘れてみることはどうかと提案しました。

スペイン語を勉強するということをいったん「やる気リスト」から外してみることにしたVさんでしたが、その後Vさんから聞いた話によると、スペイン語を学ぶという項目をきっぱり切り捨てた2週間後に、メキシコ人の友人ができ、スペイン語を教えてもらえることになったそうです。

このように「やる気リスト」から外したとしても、**本当に必要なことならば、「絶対にやりたい！」という思いがおのずと浮かんでくる**ようにできています。

そのタイミングこそが行動する「時機」なのです。

おわりに

本書をお読みくださり、ありがとうございました。

さまざまな視点から、やる気がわく方法、やる気を長続きさせる方法をお伝えしてきましたが、いかがでしたでしょうか。


やろうやろうとしながら実行できずに、落ち込み、自信をなくし、自分を嫌いになる。

そんなパターンから抜け出し、ほんのちょっとでも、できた自分を認め、受け入れて、気分がよくなり、自分自身を好きになっていく。

そして、自分に自信が持て、次のステップにチャレンジできる。

……本書では、そんな好循環を生む方法やコツを解説してきました。

目標に向けた習慣化をテーマにした自著としては、2008年に出版した『すぐやる！すぐやめる！技術』（こう書房）があります。この本は、まずは「やりたいことを洗い出す」作業をゼロステップとし、自分が本当にやりたいことかどうかを見直すことの重要性を提言しました。

さまざまな人が手に取ってくださいましたが、こんな声をいただくこともありました。

「やりたいことを洗い出すのに時間がかかってしまう場合は、どうすればいいのですか？」

「やる気満々でノッているときはできるのですが、もっと息を吸って吐くように、ラクに習慣化できる方法も知りたいです」

そこで、今回の本では、さらにハードルを下げて、

・もっとラクにできるようになりたい
・習慣が続いたためしがない

という人でも取り組みやすいように解説しました。

前著を読んで「この方法では自分には難しい」と思った場合でも、本書でぜひ、もう一度実践していただければ嬉しいです。

やる気スイッチを次々にONにしていく過程で、もしかすると、「そもそも自分は何をやりたいのか」がわからなくなった人もいるかもしれません。

私はこれまでメンタルコーチとしてたくさんの方の相談を受けてきて、あることに気づきました。

「やる気が続かない」と悩んでいる人のうち、**8割の人は、「本当はやりたくないことを、やりたいと思い込んでいる」だけ**なのです。

たとえば運動が苦手な人が「毎日ランニングしなくては」「今日も走らなくては」と思い込んでいる。

なぜなら、周りが「走ると健康にいいよ」「こんなに天気がいいのに走らないなんて損だよ」と誘惑してくるから。

自分の本意としては、走りたいなんて少しも欲していないのに、周りの価値観に流されているせいで「自分は何をやっても三日坊主だ。ダメな人間だ」と責めて、心に負担をかけてしまっている。

そういう人が、じつに8割もいるのです。

あなたが「本当にやりたいこと」は何でしょう？　人に言われたことでもなく、期待されたことでもなく、役割として要求されたことでもなく、昔から信じ込んできたことでもなく、本当にやりたいこと。

「自分はコレだ！」というものが見つかっていない場合や、明確になっていない場合もあると思います。

「人生の意味」と言ってしまったらオーバーですが、

「本当は自分はどんな仕事がしたいか」

「どんな生活を送りたいか」

「どんな人生だったら悔いなく、充実していると実感できるか」

ぜひ考えてみてください。

もしも、あなた自身にそれがまだ見つかっていないとしたら、本書で扱ってきたような行動の起こし方、習慣のつくり方を身につけたとしても、その技術をどこで何のために使いこなしたらいいのだろうか、と思いあぐねるかもしれません。

私自身が何より大切にしているのは、**「自分軸を見つけること」**です。「自分軸」とは、自分にとって何が大切か（自分らしさ）、そして、本当はどうありたいか（ありたい姿）という軸のことです。

ぜひこれを明確にしてほしいのです。

自分軸は人の数だけあります。

頭で考えるものではなく、身体・感情に刻み込まれていて、内側からあふれ出てくるような個別・具体的なものです。

あなたが本当にかなえたい夢の場面や、過去の素晴らしい出来事を、五感を使って、ありありと感情をともなって思い出してみましょう。

過去や未来のエピソードの中から、あなただけの自分軸のヒントがかならず見つかります。

私が本当にお伝えしたいのは「自分軸に沿って結果を出す」ことです。

まず、自分軸を見つける。

そして、自分軸が見つかったら、本書の手法を用いてさまざまな行動を起こし、現実に結果を出していってほしいのです。

ひとりでも多くの人が、自分軸を見つけ、自分らしいやり方で、望む結果を手にする。そんな世の中になってほしいですし、そんな人同士で協力し合い、貢献し合えるようになることを、願ってやみません。

２０１７年１月

平本あきお

著者紹介

平本あきお　株式会社チームフロー代表取締役。メンタルコーチ。東京大学大学院（専門は臨床心理）修士課程修了。アメリカのアドラー心理学専門大学院でカウンセリング心理学修士課程修了。600種類以上の心理学やボディワーク、瞑想を習得後、数々の手法を独自に統合し、短期間でかならず結果が出るオリジナルのメソッドを確立する。コーチング、カウンセリング、ビジネス瞑想、講師養成などの講座や企業研修に年間300回登壇。経営者、ビジネスパーソンはもちろんのこと、北京五輪金メダリストや強豪スポーツチーム、メジャーリーガー、有名俳優や著名人など、のべ３万5000人を相手に実績をあげ続け、研修や個人レッスンではキャンセル待ちが続出している。

なぜ、あなたのやる気《き》は続《つづ》かないのか

2017年２月１日　第１刷

著　　者　平《ひら》本《もと》あきお

発 行 者　小 澤 源 太 郎

責任編集　株式会社 プライム涌光
電話　編集部　03(3203)2850

発 行 所　株式会社 青春出版社
東京都新宿区若松町12番１号 〒162-0056
振替番号　00190-7-98602
電話　営業部　03(3207)1916

印　刷　中央精版印刷　　製　本　大口製本

万一、落丁、乱丁がありました節は、お取りかえします。
ISBN978-4-413-23028-5 C0030

玉ねぎ みかん「皮」を食べるだけで病気にならない
1日「小さじ1杯」で驚きの効果
熊沢義雄 川上文代［協力］

お金のこと、子どもにきちんと教えられますか？
自立できる子が育つお金教育
河村京子

会社を辞めて後悔しない39の質問
保野成敏

超一流の営業マンが見えないところで続けている50の習慣
菊原智明

「いいこと」ばかりが起こりだすスピリチュアル・ゾーン
それは、すべてが自動的に起こる領域
佳川奈未

青春出版社の四六判シリーズ

目を動かすだけで「記憶力」と「視力」が一気によくなる！
中川和宏

一瞬で人生がうまく回りだす魂の力
越智啓子

冷蔵庫から始める残さない暮らし
よりスリムに心豊かな生活へ
中野佐和子

七田式 子どもの才能は親の口グセで引き出せる！
七田 厚

佐藤優選 自分を動かす名言
佐藤 優